Podenco Ibicenco

Podenco Ibicenco

Verstehen – Erziehen – Mit ihnen leben

von Susanne Blank / Heike Schmidt-Röger

CADMOS

Gestaltung und Satz: Ravenstein + Partner, Verden
Lektorat: J. Aurahs
Fotos: S. Blank, V. Heitz, B. Zingler, J. Scotland
Info Hund Krämer, H. Schmidt-Röger
Druck: Westermann Druck, Zwickau

Printed in Germany

ISBN 3-86127-781-6

Inhalt

Vorwort

Podencos ziehen die Blicke auf sich. Ihre Eleganz, ihr Adel faszinieren den Betrachter und nicht selten entsteht aus einem ersten genauen Hinschauen eine Leidenschaft, die den Hundefreund dann ein Leben lang begleitet. Denn wenn man hinter die Fassade dieses stolzen Spaniers sieht, kommt sein Charakter zum Vorschein – diese Mischung aus Unabhängigkeit, Charme, Leidenschaft und Albernheit, der man sich nicht entziehen kann.

Jeder, der sich für einen bestimmten Hundetyp begeistert, ist der festen Überzeugung, dass gerade diese Tiere etwas ganz Besonderes sind, etwas Unerklärliches besitzen, das sie so einzigartig macht. Anders geht es den Podenco-Infizierten auch nicht. Wer sich einmal für einen dieser hochbeinigen Spanier entschieden hat, wird sich selten von einer anderen Rasse begeistern lassen.

Warum sind diese eleganten Hunde einfach anders? Wie ist das mit der Jagdleidenschaft? Kann man einen Hund aus Spanien überhaupt an ein Leben in Deutschland gewöhnen? Auf diese und viele andere Fragen versuchen wir Ihnen Antworten zu geben und den Weg für ein möglichst harmonisches Zusammenleben zu ebnen. Ganz sicher ist der Podenco Ibicenco kein Hund, der zu jedem passt, doch genau das macht ihn für seine Menschen so interessant. Andere sind auf diese Rasse oder deren zahlreichen Mischlinge eher aus Zufall gekommen, ohne zu wissen, was sie sich da für einen Hund ins Haus holen. Ob Sie gerade dabei sind, den Podenco für sich zu entdecken, oder einfach mehr über ihn wissen wollen, wir hoffen, ein bisschen dabei zu helfen, dass sie beide ein ausgefülltes (Hunde-)Leben führen können.

Geschichte
– damals und heute

Noch vor 15 Jahren konnte sich kaum jemand etwas unter einem Podenco Ibicenco vorstellen. Die wenigen Rassevertreter, die man zu Gesicht bekam, waren Exoten, seltsame Geschöpfe und den uns vertrauten Hunden so gar nicht ähnlich. Fragte man die Besitzer nach der Rasse oder Herkunft ihrer Begleiter, wurden nicht selten faszinierende Geschichten von ägyptischen Gottheiten, den Hunden der Pharaonen und deren jahrtausendealter Geschichte zum Besten gegeben.

Wenn Sie dagegen heute mit Ihrem Podenco spazieren gehen, werden Sie bestimmt manchmal angesprochen: „Ist das nicht ein Podenco? So einen Hund habe ich im Fernsehen gesehen.“ Dass diese Rasse heute keine Seltenheit mehr bei uns ist, liegt aber nicht an ihrer ruhmreichen Vergangenheit noch wird der Podenco inzwischen bei uns zahlreich gezüchtet; er gelangt fast ausschließlich durch das Engagement zahlreicher Tierschützer in den deutschsprachigen Raum.

Arrogant und sanft zugleich, Podencos – auch dieser Podenco-Mix – faszinieren durch ihre Ausstrahlung. Trotzdem sind sie keine Hunde für jedermann. (Foto: S. Blank)

Was ist ein Podenco Ibicenco?

Podenco bedeutet im Spanischen Laufhund, in einigen Regionen auch Jagdhund. Hinzu kommt immer eine regionale Bezeichnung wie Ibicenco (für Ibiza) oder Canario (für Kanarische Inseln). Es gibt mehrere Theorien für den Ursprung des Podenco Ibicenco. Eine der zwei favorisierten Theorien ist, dass der Ibicenco die altägyptischen Windhunde zu seinen Vorfahren zählen kann. Doch erst durch die Einkreuzung anderer Rassen und veränderter Lebensumstände wurde er zu dem Hund, der er heute ist. Die andere Vermutung sieht den Podenco Ibicenco eher als einen Nachkommen der früher überall im Mittelmeerraum vorkommenden

Windhunde jagen hauptsächlich auf Sicht, Podencos nutzen auch Nase und Ohren. (Foto: S. Dassinger)

kurzhaarigen und stehohrigen Paria- beziehungsweise Windhunde, vielleicht sogar die älteste Windhundform überhaupt.

Dem Windhunderbe hat dieser ursprüngliche und rustikale Jagdhund seine Fähigkeit zu verdanken, auf Sicht zu jagen. Kein Kaninchen, das am Horizont entlanghuscht, kein Reh, das sich ins schützende Dickicht zu retten versucht, bleibt seinem scharfen Blick verborgen. Auch die aerodynamische Anatomie mit dem tiefen Brustkorb geht auf die Windhunde zurück, die einem großen Herzen Platz bietet und dem Körper die nötige Power für schnelle Sprints und ausdauernde Verfolgungsjagden liefert. Auffälligstes Merkmal sind sicherlich die großen Ohren, die schon

Neben dem glatten kurzen Fell gibt es auch eine rauhaarige Variante ...

das Kennzeichen der alten pharaonischen Windhunde waren. Im Gegensatz zu den typischen Windhunden, die hauptsächlich auf Sicht jagen, nutzt der Podenco Ibicenco seine Ohren für den Jagd und registriert auch das leiseste Piepsen einer Maus, die durch das Gras wuselt. Mit einem gezielten Sprung setzt er dann auf die kleine Beute an.

Verliert er den Sichtkontakt und kann er die Beute nicht mehr hören, kommt die Nase zum Zuge. Ihr hervorragendes Geruchsvermögen ist wohl der Einkreuzung von Bracken zu verdanken. Es ist der zusätzliche Einsatz von Gehör und Geruchssinn, der den Podenco in seinem Jagdverhalten von seinen Windhundvorfahren unterscheidet. Die Kombination der drei Sinne,

... und eine langhaarige. (Foto: S. Blank)

seine Schnelligkeit, Ausdauer und sein Sprungvermögen machen ihn zu einem zuverlässigen und treffsicheren Jäger.

Der Podenco Ibicenco zählt zu den großen Hunden. Im Rassestandard wird für Rüden eine Größe zwischen 66 und 72 Zentimeter und für Hündinnen von 60 bis 67 Zentimeter angegeben. Allerdings kann die Größe sehr variieren, denn auch kleinere Hunde sind keine Seltenheit und in einigen Regionen Spaniens trifft man häufig sehr große Podencos an. Konkrete Gewichtsangaben sind nicht einmal im Rassestandard vermerkt, was bei teilweise erheblichen Größenunterschieden auch nicht verwundert. Als Richtwert kann man für Hündinnen ein Gewicht von etwa 18 bis 21 Kilogramm und für Rüden zwischen 20 und 24 Kilogramm annehmen. Obwohl der Podenco

Ibicenco ein leichter und schmaler Hund ist, besitzt er einen kräftigen Knochenbau, seine Muskulatur ist flach, ebenso wie die Rippenwölbung. Die Haut liegt eng (trocken) auf den Rippen an. Kennzeichnend und durchaus windhundtypisch ist der Trab, der elegant und schwebend anmutet.

Man unterscheidet glatthaarige Podenco Ibicencos mit kräftigem und glänzendem Fell, rauhaarige Artgenossen, deren Haar dicht und hart ist, sowie langhaarige Hunde mit weichem und mindestens 5 Zentimeter langem Fell, Letztere sind jedoch sehr selten. Ihre typische Farbe ist eine Kombination aus Weiß und einem kräftigen, wunderschönen Rot, einfarbige rote oder weiße Tiere sind nicht so häufig zu sehen, die Nase ist fleischfarben. Oft sind es die Augen des Podenco, die seine Menschen in den Bann ziehen: bernsteinfarben und von scheinbar unendlicher Tiefe, kann man sich in ihrem sanften Blick verlieren.

Bis 1987 waren die mediterranen Windhunde beim FCI (Fédération Cynologique Internationale = Weltorganisation der Kynologie) den Laufhunden zugeordnet. Lediglich der aus Malta stammende Kelb tal Fenek war bereits den Windhunden zugeteilt. Seitdem sind sie klassifiziert in der Gruppe 5 (Spitze und Hunde vom Urtyp) und tragen die FCI-Nummer 89, Selektion 7: Urtyphunde zur jagdlichen Verwendung, Ursprung: Spanien (Balearen). Betreut wird die Rasse vom Deutschen Windhund Zucht- und Rennverband im VDH (Verband für das Deutsche Hundewesen).

Geschichte

Bereits auf Zeichnungen, die etwa 4.000 Jahre vor Christi Geburt entstanden, wurden Jäger mit altägyptischen Windhunden verewigt. Diesen möglichen Urahn, der eine unübersehbare Ähnlichkeit mit den so genannten Pharaonenhunden, dem Podenco Ibicenco, Podenco Canario, Kelb tal Fenek und Cirneco dell'Etna hat, bezeichnet man als Tesem. Häufig wird auch der Totengott Anubis mit seinen großen Stehohren in Beziehung zum Tesem gesetzt. Eine große Ähnlichkeit ist unbestritten und es ist natürlich sehr verlockend, dem gespannten Zuhörer zu berichten, dass die Vorfahren des Hundes früher als Gott und Totenbegleiter verehrt wurden – schließlich gibt das den Touch des Besonderen. Allerdings wird bei dieser Auslegung häufig unterschlagen, dass die Gestalt des Anubis wohl eher einen Schakal darstellt.

Etwa 3.000 Jahre vor Christus haben die Ägypter Windhunde aus Somalia, von der arabischen Küste, später auch aus Kreta importiert und mit dem Tesem gekreuzt. Die daraus entstandenen Hundetypen sollen etwa 650 Jahre vor Christus – sofern diese Abstammungstheorie stimmt – auf die Balearen gekommen sein. Sowohl die Phönizier als auch bereits die Kreter besaßen diese schon in der Antike sehr geschätzten und wertvollen Hunde. Bedingt durch ihre Seeflotten sorgten beide Völker für die Verbreitung der Hunde im Mittelmeerraum. Sehr schnell erkannte man die Nützlichkeit der Ahnen unserer heutigen Podencos – damals

Die harte Selektion auf jagdliche Eigenschaften und sein Umfeld haben den Podenco Ibicenco geprägt. (Foto: V. Heitz)

existierten auf den Balearen große Populationen von Kaninchen und ein fähiger Jagdhund kam gerade recht, um den gefräßigen Tieren Einhalt zu bieten. Sicherlich haben sich die Importhunde mit Artgenossen der örtlichen Populationen vermischt und sich so die unterschiedlichen regionalen Schläge entwickelt.

Bei uns hatten die Podencos keine Bedeutung und es wurde ihnen auch nicht viel Aufmerksamkeit gewidmet, denn ihre Verbreitung blieb auf die Mittelmeerregion begrenzt. Dieser Hundetypus galt sogar als ausgestorben, bis der Schweizer Zoologe Dr. Conrad Keller Anfang des 20. Jahrhunderts in seinen Studien vom

„Perro ibizenco“ berichtet. Etwa zur gleichen Zeit berichten auch Dr. Carl von Muralt und Erzherzog Ludwig Salvator in ihrer Literatur über die Balearen von Ibiza-Hunden.

Die heutigen mediterranen Windhunde haben sich vor allem auf den verschiedenen Inseln in ihrer ursprünglichen Art erhalten. Man findet Sie auf den Balearen, den Kanaren, auf Malta, Kreta und Sizilien. Die verschiedenen Schläge passten sich den jeweiligen Lebensbedingungen der Inseln beziehungsweise der verschiedenen Regionen des spanischen Festlandes an. Ihre auffälligste Gemeinsamkeit sind vor allem die großen Stehohren. Aufgrund der räumlichen Isolation haben sich die Hunde nur wenig verändert. Vor allem Hunde aus jagdlichen Zuchten sehen heute noch genauso aus wie ihre Vorfahren von vor 100 Jahren.

Um 1930 tauchten die ersten Ibicencos in Deutschland auf. Die Hunde waren damals noch so exotisch, dass man einen Rüden und eine Hündin, die wohl von den Kanarischen Inseln stammten und als Pharaonenhunde im Zuchtbuch eingetragen wurden, im Berliner Zoo zur Schau stellte. Obwohl mit diesem Podenco-Paar mehrmals gezüchtet wurde, ist seine Herkunft leider ebenso wenig geklärt wie die Anzahl der Welpen aus dieser Verbindung und deren Verbleib.

Auch in den letzten 70 Jahren wurde weiter versucht, die jagdlichen Eigenschaften der Podenco Ibicencos durch Einkreuzungen zu verbessern, wie das bei Arbeitshunden allgemein üblich ist. Orientalische und englische Windhunde sollten die Schnelligkeit steigern, allerdings ist dadurch das deutliche Vorstehen (Anzeigen von Wild) angeblich etwas verloren gegangen. Noch heute experimentieren spanische Jäger ab und an mit Einkreuzungen anderer Jagdhunde, zum Beispiel deutscher Bracken. Allein die Leistungsfähigkeit entscheidet, mit welchen Hunden gezüchtet wird. Durch diese umstrittenen „Verbesserungsversuche“ existieren leichte regionale Abweichungen. Geübte Rasseliebhaber erkennen die verschiedenen Schläge bei Podenco Ibicencos von Mallorca, Ibiza sowie den Bergregionen oder dem Hinterland des Festlandes.

Vorkommen im mediterranen Raum

Der Podenco Ibicenco ist der heute bekannteste Vertreter der mediterranen Windhunde. Er lebt hauptsächlich auf den Baleareninseln Ibiza, Formentera, Mallorca, Menorca sowie in den Küstengebieten von Katalonien und der Region von Valencia. In Katalonien bezeichnet man ihn als Cà Eivissenc (= Hund von Ibiza), in anderen Regionen nennt man ihn Mallorquin, Conejero mallorquin, Xarnelo, Mayorcais, Perro de Caza, auf deutsch Balearenlaufhund und im Englischen heißt er Ibizan Hound.

Neben den Hunden, die zur Jagd verwendet werden, gibt es auch heute noch einige wild lebende Rudel. In touristisch erschlossenen

In abgelegenen Regionen Südspaniens kommen Podencos und deren Mischlinge manchmal noch wild vor. (Foto: V. Heitz)

Gebieten sind sie jedoch kaum zu finden. Streuner werden dort meist schnell von der Straße geholt und in die Perreras (Tierheime) gebracht. Im abgelegenen Hinterland dagegen kann man gelegentlich auf kleine wilde Gruppen treffen. Diese Meuten setzen sich zusammen aus ausgesetzten und entlaufenen Tieren und vermischen sich häufig mit Hofhunden und anderen Artgenossen. Der Podenco-Anteil bei diesen Mixen ist unübersehbar! Sie sehen auch nicht immer abgemagert aus, sondern einige sind durchaus wohlgenährt, was darauf schließen lässt, dass örtlich ausreichende Kaninchenpopulationen vorhanden sind, die für einen reich gedeckten Tisch sorgen. Trotzdem erreichen diese Hunde durch Verletzungen oder Infektionen selten ein hohes Alter.

Auf den Kanarischen Inseln ist der Podenco Canario zu Hause, der sich vom Podenco Ibicenco nur wenig und kaum vom Kelb tal Fenek unterscheidet. Die geschichtsträchtige Bezeichnung Pharaonenhund gilt heute einzig und allein für den mediterranen Vertreter auf Malta. Äußerlicher Unterschied ist das nahezu „rote“ Fell – es sind lediglich kleine weiße Abzeichen an bestimmten Stellen erlaubt. Auf Sizilien findet man den Cirneco dell'Etna, der dem Pharaonenhund sehr ähnlich ist, jedoch etwas kleiner und kompakter. Der Verwandte, der im Körperbau am wenigsten den Windhunden ähnelt, ist der Podengo Português, der, wie sein Name schon vermuten lässt, in Portugal lebt. Es gibt ihn in drei unterschiedlichen Größen und zwei unterschiedlichen Haartypen.

Ursprüngliche jagdliche Verwendung

Podenco Ibicencos jagen mehr nach Gehör und Geruch als nach den Augen. Sie geben Laut beim Jagen, wenn sie die frische Fährte eines Kaninchens aufgenommen haben beziehungsweise dieses sehen. Sie verweisen (zeigen an) und apportieren (nehmen auf und bringen) das Wild. Podencos sind extrem schnelle und geschickte Jäger, die sich auch in der Dunkelheit noch gut zurechtfinden. Ihre enormen Sprungkräfte kann man gerade in dichtem Gestrüpp bewundern, wenn sie die Hindernisse mit Leichtigkeit überfliegen. Ein besonderes Merkmal dieser Hunde ist ihre Anpassungsfähigkeit, sei es an das Klima oder die Lebensbedingungen.

Zwischen den Jagden werden viele Podencos an der Kette gehalten. (Foto: IB. Zingler)

Training mit totem Kaninchen ...

Noch heute halten und nutzen die Podenqueros, Jäger und Bauern auf den Balearen beziehungsweise dem spanischen Festland, diese Hunde wie vor vielen hundert Jahren. Allerdings gibt es immer weniger Regionen, die genug Platz zum Jagen mit diesen Spezialisten bieten. In der Regel werden Meuten von etwa vier bis zwölf Hündinnen eingesetzt. Maximal ein Rüde ist dabei, diese werden hauptsächlich für die Zucht verwendet. Die Podenco-Meute spürt ihre Beute selbstständig auf, kreist sie ein und ein Hund packt die Beute. Klassisch wird mit Podencos ohne Gewehr gearbeitet, allerdings kann dies je nach Region und der Art der dort zu erlegenden Beute abweichen – die meisten Jäger verlassen sich

... gefordert wird aber das Bringen der lebenden Beute. (Fotos: H. Schmidt-Röger)

jedoch voll und ganz auf das Können ihrer Gefährten. Dabei nutzen die geschickten Jagdhunde ihre gewaltige Sprungkraft in hohem Gras und Gebüsch, um sich zu orientieren, dann stehen sie oft auf den Hinterbeinen und schauen sich um. In der Regel apportieren sie die gefangenen Kaninchen lebend ihrem Herrn. Die „weiche Schnauze" (spanisch: boca blanda = fangen, ohne zu beißen) hat den Vorteil, dass die Beute lebend aufbewahrt werden kann und erst zur Verwendung geschlachtet wird. Durch die weiche Schnauze können zu kleine oder zu junge Beutetiere wieder ausgesetzt und damit verschont werden. Zu den klassische Beutetiere zählen Kaninchen, Hasen und Rebhühner.

Private Tierheime sind für ausgemusterte Podencos oft die einzige Überlebenschance. (Foto: S. Blank)

Die Vielseitigkeit der Hunde zeigt sich bei ihrer jagdlichen Arbeit, so wurden und werden sie unter anderem auch zur Schweißarbeit und zur Jagd auf Hochwild und Wildschweine eingesetzt. Doch ist der Eifer der Podencos nicht unbegrenzt, denn die Podenqueros berichten von einer merkwürdigen Eigenart: enconillarse „die Kaninchen satt haben“. Nach einigen Tausend gefangenen Kaninchen gönnen sich viele Podencos eine längere Pause, bevor sie der Jagd wieder mit ganzer Leidenschaft nachgehen.

Häufig werden die Podencos an der Kette gehalten und können sich nur frei bewegen, wenn sie jagen. Wenn im Herbst die spanische Jagdsaison zu Ende geht, sortieren die Meutebesitzer ihren Bestand aus. Für sie lohnt es sich nicht, einen Hund, der im nächsten Frühjahr nicht erfolgreich zur Jagd eingesetzt werden kann, über den Winter zu füttern. Ein bis heute in manchen Regionen nicht ausgestorbener Brauch ist es, den aussortierten Hund an einem Baum aufzuhängen und qualvoll sterben zu lassen.

Oft werden durch den Tierschutz auch Welpen vermittelt, die im Tierheim geboren oder dort abgegeben wurden. (Foto: S. Blank)

Auch in Spanien gibt es Tierheime, doch sind dies kommunale Einrichtungen und deren Ausstattung sowie Betrieb darf man sich nicht so vorstellen wie bei unseren hiesigen. Die Perreras sind Auffangstationen für herrenlose Tiere, die dort abgegeben oder eingefangen werden. Der Besitzer kann sein entlaufenes Tier innerhalb von meist drei Wochen wieder nach Hause holen. Erfolgt dies nicht, ist in einigen Perreras noch immer das Einschläfern der Tiere nach Ablauf der Frist vorgesehen. Andere Auffangstationen arbeiten mit nahe gelegenen privaten Tierschützern und Tierschutzvereinen zusammen und bieten ihnen die Möglichkeit, einige oder alle zur Euthanasie vorgesehene Insassen herauszuholen, manchmal auch gegen eine Gebühr, oder sie werden durch finanzielle Zuwendungen vonseiten der Tierschützer und personelle oder tierärztliche Unterstützung in die Lage versetzt, die Tiere auch nach Ablauf der drei Wochen weiter zu versorgen.

Obwohl die Tierschützer mit ihrer häufig aus privaten Mitteln und Spendengeldern finanzierten Arbeit im Grunde kommunale Aufgaben übernehmen, werden sie meist nur geduldet und nicht gern gesehen. Nicht selten müssen sie sich mit aufreibenden, Zeit und Geld kostenden bürokratischen Hürden auseinander setzen. Einen großen Anteil an der Arbeit der Tierschützer hat die Aufklärung der Bevölkerung, um Verständnis für die Bedürfnisse von Tieren zu vermitteln und eine unkontrollierte Vermehrung einzudämmen. Kommunen, die die Wichtigkeit dieser Aufgabe und den damit verbundenen Imagegewinn für ihre Stadt oder Gemeinde erkennen und mit den Tierschützern kooperieren, sind jedoch eine Seltenheit. So ist das Engagement dieser oft privaten Initiativen ein hartes Brot und nicht selten vergleichbar mit einem Kampf gegen Windmühlen.

Gerade dort, wo seit vielen Jahren Tierschützer engagiert arbeiten, gehen die Bauern immer häufiger dazu über, die Hunde vor der Tür der Auffangstation oder privaten Einrichtung anzubinden oder sogar persönlich abzugeben. Mittlerweile haben sie sich auch daran gewöhnt, dass viele ihrer ehemaligen Nutztiere im nördlicher gelegenen Europa ihren Lebensabend auf der Couch genießen.

Dieses Umdenken ist ein langwieriger Prozess, der Engagement und Verständnis von beiden Seiten verlangt. So wenig wir den dortigen Umgang mit Hunden nachvollziehen können und ihn als grausam empfinden, sollte man doch nicht vorschnell darüber urteilen, sondern versuchen, durch Aufklärungsarbeit etwas zu verändern. Der erhobene Zeigefinger bewirkt gar nichts, sondern sorgt nur für noch höhere Barrieren. Andere kulturelle Hintergründe und Lebensumstände haben die Arbeit der Podenqueros geprägt und jeder einzelne Podenco Ibicenco, der in die Obhut der Tierschützer übergeben wird, ist ein weiterer Erfolg. Es gibt noch einen Aspekt, der nichts beschönigen, aber zum Nachdenken anregen soll: Podencos wären nicht die robusten, anpassungsfähigen und gesunden Hunde, die sie heute sind, wenn sie nicht den langen und schmerzhaften Weg der uns unbarmherzig erscheinenden Selektion hinter sich hätten. Ein auf der Jagd erfolgreicher Podenco erfüllt seinen Besitzer, den Podenquero, mit Stolz und ist für diesen durchaus wertvoll.

Tierschutzimporte

Jährlich finden mehrere hundert Podencos und Podenco-Mixe im deutschsprachigen Raum ein neues Zuhause. Populär wurden diese Hunde gerade in den letzten fünf Jahren durch Vermittlungssendungen im Fernsehen und Berichte in Tier- und Hundezeitschriften. In vielen Tierheimen warten die eleganten Spanier auf nette Menschen, die ihr Leben mit den sanftmütigen Gefährten teilen wollen. Ihre Fangemeinde ist inzwischen so groß, dass Podenco-Treffen stattfinden und man sich im Internet in speziellen Foren zum Chatten trifft.

Häufig müssen sich Besitzer von „Südhunden“ die Frage gefallen lassen, ob es denn sinnvoll sei, die Tiere mit einem so großen Aufwand nach Deutschland zu holen, während die Tierheime hier überfüllt sind und viele deren Insassen jahrelang einsitzen müssen, bis sie, falls überhaupt, einen neuen Platz finden. Nicht alle Menschen, die diese Frage stellen, wollen tatsächlich Informationen erhalten, um sich selbst eine Meinung zu bilden, sondern haben bereits einen festen, nicht veränderbaren Standpunkt. Sie argumentieren dann vielleicht, dass es auch in Deutschland viele sozialverträgliche oder kleine Hunde in Tierheimen gibt, die auf Vermittlung warten – und haben Recht damit. Warum sich jemand dafür entscheidet, einen Hund aus dem Süden, in diesem Fall speziell einen Podenco, zu sich zu nehmen, kann verschiedene Gründe haben, angefangen von einem Faible für die Rasse oder deren Mischlinge bis hin zur sprichwörtlichen Liebe auf den ersten Blick, als der Vierbeiner in einer Vermittlungssendung vorgestellt wurde. Was auch immer die Gründe dafür oder dagegen sind, wir sind der Meinung, dass Tierschutz nicht an Landesgrenzen enden darf!

Tierheime und private Pflegestellen in Deutschland übernehmen Podencos aus Spanien und vermitteln sie. (Foto: S. Dassinger)

Wie muss ich mir das Leben mit einem Podenco vorstellen

Kann sich ein Hund mit einer solch leidenschaftlichen jagdlichen Motivation und aus einem gänzlich andersartigen Lebensumfeld überhaupt an ein Dasein in der Familie zwischen Staubsauger, Kleingarten und Berufstätigkeit gewöhnen? Seien Sie beruhigt, Podencos sind in der Regel Überlebenskünstler, die es meisterhaft verstehen, sich an neue Gegebenheiten anzupassen. Wenn Sie Ihren spanischen Freund sich nach ein paar Wochen auf der Couch rekeln sehen, können Sie es kaum noch glauben, dass er bis vor kurzen auf har-

Die Vorzüge eines weichen Lagers lernt ein Podenco schnell zu schätzen. (Foto: S. Blank)

tem Lehmboden oder Stroh geschlafen hat. Bis es so weit ist und auch danach, werden Sie aber eine Menge Engagement an seine Heranführung an das neue Leben und die Ausbildung investieren müssen. Soll man deswegen grundsätzlich von der Haltung eines Podenco abraten, wie es immer mal wieder zu lesen ist? Nein! Natürlich ist ein Podenco Ibicenco nicht vergleichbar mit Pudel, Schäferhund, Labrador und Co., die schon vom Welpenalter an auf das Leben im Haus und in der Familie vorbereitet werden. Trotzdem kommt es auch bei diesen häufig zu Problemen, weil die Bedürfnisse und die Persönlichkeit des Hundes unterschätzt oder falsch eingeschätzt werden. Wie bei allen anderen Hunderassen oder Mischlingen auch sollte der (potenzielle) Podenco-Besitzer eine ordentliche Portion Enthusiasmus mitbringen, sich möglichst vorher umfassend aus erster Hand informieren, prüfen, ob die Ansprüche des Hundes und Erwartungen des Menschen zusammenpassen, und dann das gemeinsame Leben danach ausrichten. Natürlich ist der Podenco Ibicenco kein Hund für jedermann, doch das sind Schäferhund, Terrier und Berner Sennenhund auch nicht.

Wer sich nach reiflicher Überlegung, bestem Wissen und Gewissen und ohne rosarote Brille auf das Abenteuer Podenco einlässt, wird einen wunderbaren Gefährten bekommen. Ob Sie sich für einen Welpen oder einen älteren Hund entscheiden, müssen Sie nach Ihren persönlichen Lebensumständen entscheiden. Welpen sind häufig noch formbarer als ihre älteren Artgenossen, doch ihre Erziehung nimmt sehr viel Zeit in Anspruch. Erwachsene Podencos tragen manchmal Altlasten in Form schlechter Erfahrungen mit sich herum. Doch mit Geduld und Hundeverstand werden die meisten davon das neue Leben bei Ihnen nicht oder kaum belasten. Bei einem ausgewachsenen Hund können Sie häufig den Charakter etwas einschätzen, das ist ein wichtiges Kriterium bei der Auswahl. Selbst Hundesenioren gewöhnen sich meist erstaunlich gut an eine neue Umgebung und neue Menschen und sind durchaus noch lernfähig. Wir haben beide schon Hunde bei uns aufgenommen, die sieben Jahre oder älter waren, und es keine einzige Minute bereut.

Das Wesen des Podenco

Podenco Ibicencos faszinieren durch ihre majestätische Ausstrahlung: Sie wirken in jeder Situation stolz, elegant und manchmal auch arrogant. Das Leben mit ihnen ist nicht immer einfach. Man braucht sehr viel Hundeverstand, Einfühlungsvermögen, Geduld und Konsequenz.

Wir wollen hier nicht alle Podencos über einen Kamm scheren, es gibt bei jeder Rasse Ausreißer, sei es im Wesen, Verhalten oder Aussehen. Grundsätzlich kann man aber sagen, dass Podencos sehr intelligente, freundliche und ausgesprochen soziale Hunde sind. Schließlich mussten sie vorher in einer Hundegruppe bestehen und konnten es sich auch nicht leisten, Menschen gegenüber durch gesteigerte Aggressivität aufzufallen. Sie haben Charakter, sind psychisch und physisch belastbar – auch ein Nebeneffekt ihrer manchmal widrigen Lebensumstände.

„Aber doch so sensibel!“, werden viele Fans sofort einwerfen. Sicherlich sind sie sensibel, doch diese Sensibilität wird häufig auf ein Podest gestellt und dominiert in den verklärten Augen des Menschen dann alle anderen Charaktereigenschaften. Meist werden dabei die Geschichte und die Aufgabe dieser Rasse völlig verdrängt. Könnte so ein zarter, dünnhäutiger Hund, der bei einem lauten Wort sofort zusammenbricht und den man aufgrund seiner äußeren Erscheinung nur allzu gerne verhätscheln und bedauern möchte, die raue und

Mit Leckerchen kommt man bei vielen Podencos weit, doch vorher muss das Vertrauen stimmen. (Foto: H. Schmidt-Röger)

robuste Haltung und den Umgangston eines Jägers aushalten? Diese Haltungsbedingungen haben einen äußerst autarken Hundetyp hervorgebracht. Zäh sind sie, nicht nur körperlich. Mit einem gewissen Maß Sturheit kommen sie gut durchs Leben. Sie sind äußerst anpassungsfähig, gerade auch in Bezug auf die Änderung ihrer Lebensumstände, und können, weil sie es mussten, mehr wegstecken, als man ihnen zutraut.

Podencos genießen die menschliche Nähe, obwohl sie von Natur aus eher zurückhaltende und introvertierte Geschöpfe sind. Nach der Eingewöhnungszeit weicht die Distanziertheit und es entsteht eine vertrauensvolle, zärtliche Bindung an ihre Menschen. Dabei schenken sie ihre Zuneigung nicht nur einer Person, sondern beziehen die ganze Familie darin ein. Ihre direkten Bezugspersonen sind ihnen wichtig. Fremde dagegen werden anfänglich meist ignoriert. Gerade Hunde, die einen Teil ihres Lebens im Ursprungsland verbracht haben, begegnen Fremden häufig misstrauisch und reserviert. Auch ungefragtes Anfassen wird mit verächtlichen Blicken quittiert.

Machen Sie Ihren Podenco freundlich und lächelnd mit Ihren Gästen bekannt und lassen Sie ihn dann selbst entscheiden, wann er sich diesen nähern und Kontakt aufnehmen möchte. Deswegen sollte ein Besucher es als beson-

Erst sechs Monate alt, aber der leicht distanzierte Podenco-Blick ist schon perfekt. (Foto: S. Blank)

Selbstbewusste Hündinnen unterstreichen ihren Status durch Markieren. (Foto: H. Schmidt-Röger)

dere Ehre empfinden, wenn er bereits bei der ersten Begegnung das Wohlwollen Ihres Podenco geschenkt bekommt – diese Auszeichnung wird selten vergeben.

Einige Podencos brauchen länger, um wieder Vertrauen zu Menschen zu fassen. Doch auch aus einem verängstigten und extrem scheuen Hund kann ein selbstbewusster und angenehmer Begleiter werden, wenn seine Bezugsperson Souveränität ausstrahlt, Sicherheit gibt, einfühlsam ist und die Herausforderung mit Zeit, Geduld und Wissen über Hundeverhalten annimmt.

Unterschiede Rüde und Hündin

Podenco-Hündinnen sind zumeist etwas zickig, arrogant und scheinen zu wissen, welche Wirkung von ihnen ausgeht. Trotzdem sind sie äußerst kompatibel mit anderen Art- und Geschlechtsgenossinnen. Ihr Körperbau ist grazil, gerade die Köpfe sind sehr fein, wie von einem Bildhauer gemeißelt.

Auch wenn man in Spanien zur Jagd meist nur mit Hündinnenmeuten unterwegs ist, beneh-

Mit einem aufdringlichen Verehrer redet die Lady Klartext. (Foto: H. Schmidt-Röger)

men sich die Rüden zwar wie Machos, aber im Grunde sind sie bezüglich ihrer Verträglichkeit mit Geschlechtsgenossen nicht anders als alle anderen Hunde auch. Im Gegensatz zu den Hündinnen sind sie in ihrem Wesen etwas „kerniger“. Ihr Körper ist insgesamt größer, der Kopf im Ausdruck entsprechend maskulin. Da sie größer sind und mehr Power haben, sind sie mitunter etwas schwerer zu bändigen. In der Regel sind sie in der Gruppenhaltung kein Problem, obwohl es auch hier wie überall Ausnahmen gibt.

Hündinnen sind meist etwas leichtführiger, da sie ihren Rang nicht ständig wie die Machos durch ritualisiertes Imponiergehabe vor Gleichgeschlechtlichen demonstrieren müssen. Wenn also viele andere Rüden in Ihrer Gegend wohnen, könnten die Spaziergänge dadurch etwas anstrengend werden. Doch auch wenn die holde Weiblichkeit in der Nachbarschaft die Oberhand hat, wären Sie mit einer Hündin eventuell besser bedient. Ein Rüde hätte dann wohl ständig eine heiße Hundedame in der Nase, die ihn um seinen männlichen Verstand bringt.

Obwohl Podenco Ibicencos in der Regel gut mit anderen Artgenossen auskommen, entfalten sie ihr typisches Verhaltens- und Spielrepertoire erst im Umgang mit ihresgleichen oder anderen Windhunden. Dann veranstalten sie atemberaubende Rennspiele und schlagen dabei wilde Haken.

Welpenalter und Pubertät

Mit einem Gewicht von etwa 400 Gramm kommt der Podenco-Nachwuchs auf die Welt. Wie viele andere Hundebabys haben sie strahlend blaue Augen, die sich allmählich in die wunderbare goldene Bernsteinfarbe verwandeln. Die großen Fledermausohren stellen sich erst mit etwa einem halben Jahr auf, vorher sind sie überdimensionierte Schlappohren. Die Zeichnung des Fells ändert sich nicht mehr, lediglich die Intensität der Farben kann noch variieren.

Podenco-Welpen sind neugierig, unternehmungslustig und fröhlich – anstrengende, aber auch unterhaltsame Youngsters. Im Grunde unterscheiden sie sich weder im Verhalten noch in der Erziehung von anderen Jagdhunderassen. Deswegen brauchen pubertäre Halbstarke unbedingt klare Grenzen. Das bedeutet für Sie, dass Sie von Anfang an konsequent sein müssen und möglichst gute Welpenspielstunden und Junghundekurse besuchen sollten.

Soziales Verhalten Menschen gegenüber

Kein Hund, egal welcher Rasse, ist generell menschenfreundlich oder menschenfeindlich. Entscheidend für sein Verhalten Zweibeinern gegenüber sind seine Prägung in den ersten Lebenswochen und seine Erfahrungen in der folgenden Zeit. Beim Podenco ist es nicht anders. Nur kommt kaum einer dieser Hunde aus einer Zucht, bei der vom ersten Moment an darauf geachtet wird, dass möglichst viele positive Erfahrungen mit allen möglichen Menschen gemacht werden, wie seriöse und engagierte Züchter es hierzulande zum Ziel haben. Im Gegenteil, bei den wenigsten Podencos ist im Einzelnen bekannt, welche positiven oder negativen Erlebnisse sie geprägt haben, und jeder von ihnen schleppt sein mehr oder minder schweres Päckchen mit sich herum. Außer ihrer meist jagdlichen Verwendung ist wenig über sie zu erfahren. Aus diesem Grund ist fast jeder ein Überraschungspaket und es stellt sich erst im Lauf der Zeit heraus, ob er vielleicht Vorbehalte gegen bestimmte Menschentypen hegt.

Durch die unaufdringliche Art der Podencos finden gerade Kinder leicht Kontakt. (Foto: H. Schmidt-Röger)

So meiden einige Podencos beispielsweise Männer generell oder Männer eines bestimmten Alters oder mit einem bestimmten Auftreten. Andere entziehen sich jedem Annäherungsversuch von Fremden und manche flüchten sich vor jedem Menschen in die hinterste Ecke. Wieder andere sind vielleicht von Kindern gequält worden und bekommen bei jedem

Zweibeiner unter 1,40 Meter Größe panische Angst. Einige dieser Verhaltensweisen, manchmal werden sie auch Macken genannt, erfahren Sie schon von den Mitarbeitern des Tierschutzes, alles andere müssen Sie selbst herausfinden. Manche Macken können im Zusammenhang mit der Grundausbildung verändert oder abgemindert werden, auf andere muss man sich generell einstellen, da sie Sie viele Jahre lang begleiten können. Auf jeden Fall ist dann die Unterstützung eines kompetenten Hundetrainers wichtig, um vorhandene Vorbehalte nicht ungewollt zusätzlich zu verstärken.

Umso erstaunlicher ist es, dass die meisten Podencos trotz ihrer oft traurigen Vorgeschichte so liebevolle Gefährten sind, die ihren Menschen voll und ganz vertrauen, ganz so, als ob sie es sich zur Aufgabe gemacht hätten, das Gute im Menschen zu entdecken. Und wird eine Situation doch einmal für sie unangenehm, muss man nicht damit rechnen, dass sie zähnefletschend nach vorne preschen, sondern sie ziehen sich dann lieber an einen ruhigen Ort zurück. Dies kann man zum Beispiel feststellen, wenn sehr wilde und laute Kinder in ihrer direkten Nähe spielen. Ansonsten sind sie ihren kleinen Freunden sensible und treue Gefährten, die sich gern von ihnen streicheln lassen, ein offenes Ohr für deren Geheimnisse haben und im Spiel mit ihnen Rücksicht nehmen. Podencos sind in der Regel weder aufdringlich noch grob und ermöglichen so Kindern, dann Kontakt aufzunehmen, wenn sie dazu bereit sind.

Artgenossen und andere Tiere

Aufgrund der Tatsache, dass Podencos sowohl bei Jägern und Bauern wie auch beim Tierschutz in Gruppen gehalten werden, sind sie im Umgang mit Artgenossen grundsätzlich sehr sozial. Sie beherrschen perfekt die Feinheiten der Hundesprache und können dadurch fast in jede vierbeinige Gemeinschaft integriert werden. Diese soziale Kompetenz spiegelt sich auch bei vielen ihrer Besitzer wider – ist man der Faszination der Rasse verfallen, leben oft mehrere Podencos oder auch andere Hunde in einem Haushalt.

Doch so unkompliziert ein Podenco im Umgang mit seinen Artgenossen auch sein mag, die Vergesellschaftung mit einem bereits Alteingesessenen ist wie bei allen Hunden sehr zeitaufwendig und bedarf einer guten organisatorischen Vorbereitung. Das A und O zu Beginn einer Vergesellschaftung ist, dass Sie Ihren bisherigen Hausgenossen nicht vernachlässigen und trotzdem genug Zeit finden, um sich mit dem neuen zu beschäftigen. Das hört sich einfach an, ist in der Praxis aber schwierig umzusetzen. Denn ein neuer Hund, ob Welpe oder ausgewachsen, nimmt meist mehr Ihrer Zeit in Anspruch, als Sie sich das vorher hätten träumen lassen. All das, was Ihnen im Alltag mit Ihrem langjährigen Gefährten selbstverständlich erscheint – vom Laufen über glatte Böden bis zum Grundgehorsam –, muss der Neuankömmling noch lernen. Und ohne dass Sie es wollen, gilt Ihre ganze Aufmerksamkeit

Mit Rassekollegen können Podencos ihre typische Spielmanier ausleben.
(Foto: S. Dassinger)

nur noch dem Neuzugang. Dass sich Ihr alter Genosse zurückgesetzt fühlt, stellen Sie vielleicht erst fest, wenn er ein völlig unerwartetes Verhalten zeigt, zum Beispiel schmollt und nicht mehr aus seiner Ecke kommt, grimmig seinen Unmut demonstriert oder überhaupt nicht mehr auf Sie reagiert. Um das zu vermeiden, sollten Sie sich eine Strategie überlegen, quasi einen Stundenplan ausarbeiten. Legen Sie Zeiten fest, in denen Sie sich mit jedem Hund einzeln beschäftigen, und solche, in denen Sie etwas gemeinsam unternehmen. Achten Sie im Haus darauf, dass Sie auch den alteingesessenen Hund einbeziehen, und bitten Sie Ihre Gäste, auch diesen zu begrüßen und zu bewundern und nicht nur dem neuen alle Aufmerksamkeit zu schenken.

Wenn sich Ihr Podenco in sein neues Leben eingefunden hat, was sechs Monate dauern kann, wird sich auch eine Rangfolge zwischen

Allen Gerüchten zum Trotz können sich Podencos mit ihren Katzen prima verstehen. (Foto: S. Dassinger)

Ihren Vierbeinern entwickelt haben. Diese Hierarchie darf nicht durch Ihr Eingreifen verändert werden. So schwer Sie es auch ertragen können, dass Ihr alter Freund nun vielleicht von dem zweijährigen Rowdy dominiert wird, Sie müssen es akzeptieren. Jeder Versuch von Ihrer Seite, den rangniederen Hund zu puschen, aufzuwerten oder zu trösten, kann zu mehr oder minder starken Konflikten zwischen den Hunden führen. Halten Sie sich an die Spielregeln und achten Sie beispielsweise beim Verteilen von Leckerchen darauf, dass der Ranghöhere zuerst zum Zug kommt.

Obwohl Podencos eingefleischte Jagdhunde sind, ist das Zusammenleben mit Katzen kaum ein Problem. Tiere, die zur Hausgemeinschaft gehören, werden meist schnell akzeptiert. Bei hundeerfahrenen Samtpfoten ist das selten schwierig, denn diese wissen, dass sie nicht einfach losrennen dürfen, sondern am besten sitzen bleiben. Doch auch wenn das Zusammenleben für beide Seiten neu ist, kann die Familienzusammenführung gelingen. Sichern Sie Ihren Podenco dann bereits vor dem gemeinsamen Betreten der Wohnung mit einer langen Schleppleine ab. Die Katze sollte grundsätzlich Fluchtmöglichkeiten haben und beispielsweise auf einen Kratzbaum oder einen Schrank ausweichen können. Gehen Sie nun mit dem Podenco in die Wohnung und vermeiden Sie jede Hektik. Stoppen Sie den Hund nur, wenn er richtig Gas gibt. Er muss unmissverständlich begreifen, dass die Katze nicht gehetzt wird, sondern dazugehört! Erzwingen Sie keinen nahen Kontakt gleich zu Beginn. Die Katze wird nach einiger Zeit, das können auch Wochen sein, von sich aus und in aller Ruhe den Hund genauer betrachten und beschnüffeln. Eine gute Gelegenheit dazu bietet sich zum Beipiel, wenn der Podenco ein Schläfchen hält. Hunde und auch Katzen sind Gewohnheitstiere. Geben Sie also nicht sofort auf, nur weil die beiden ungleichen Hausgenossen nicht bereits am ersten Abend gemütlich zusammen im Körbchen kuscheln.

Riskanter ist sicher das Halten von Podencos mit Kleintieren wie Kaninchen, Meerschweinchen oder Hamstern. Sind diese in ihren Gehegen sicher untergebracht und wird dem Hund bei jedem neugierigen Annäherungsversuch deutlich gemacht, dass die Kleinen tabu sind, werden die meisten Podencos das sicher begreifen. Können Sie aber die Tiere nicht die ganze Zeit beaufsichtigen, sollten die Kleintiergehege in einem Raum sein, wo sie vor dem Forscherdrang des Beutegreifers sicher sind. Denn auch das Stupsen am Käfig wirkt für die kleinen Gesellen sehr beunruhigend.

Nicht ganz ungefährlich ist das Leben von Kaninchen & Co., wenn die Freiluftsaison beginnt. Ein Freigehege im Garten muss perfekt abgesichert sein! Schwierig ist es auch, wenn kleine Kinder mit im Haushalt leben, die dann mal eben das Häschen im Wohnzimmer hoppeln lassen. Unterschätzen Sie hier keinesfalls das Beuteschema und die Schnelligkeit des Podenco! Beim Freilauf der kleinen Tierchen muss er auf jeden Fall angeleint oder, noch besser, in einem anderen Zimmer untergebracht werden. Guten Gewissens ist die Kombination von Podenco Ibicenco und seiner klassischen Beute in einem Haushalt nicht zu empfehlen.

Vögel in Volieren oder Käfigen sind anfänglich sehr interessant. Fasziniert stehen die Hunde davor und beobachten die gefiederten Gesellen. Achten Sie auch hier auf einen fest stehenden Käfig, dessen Türen vom Hund nicht durch Anstupsen mit Nase oder Pfote geöffnet werden können. Mit etwas Geduld und konsequent durchgesetzten Kommandos, sich zum Beispiel trotz der Neugier ins Körbchen zu legen, verliert sich meist schnell das Interesse an diesen Mitbewohnern. Beim Freiflug der Vögel müssen Sie unbedingt Aufsicht führen oder, noch besser, den Podenco so lange in einem anderen Zimmer unterbringen.

Konsequenz von Anfang an

Stellen Sie Ihre Regeln auf und achten Sie peinlich genau auf deren Einhaltung. Diese klaren Grenzen sind wichtig, wenn Sie die nächsten Jahre harmonisch unter einem Dach leben möchten. Podencos sind wahre Überlebenskünstler und äußerst intelligent, was das Ausnutzen von Situationen und schwachen Momenten angeht. Auch der ach so traurige Hundeblick darf Sie nicht darüber hinwegtäuschen – Ihre Schwächen werden sofort erkannt!

Neues Leben, neues Glück, neue Regeln – es ändert sich in einem Hundeleben einfach alles, wenn der Podenco bei Ihnen einzieht. Nutzen Sie diese große Änderungswelle für sich. Nie mehr werden Sie so einfach Ihre Bedingungen durchsetzen können. Gönnen Sie weder sich noch dem Hund eine Schonzeit und vergessen Sie jeden Schlimme-Kindheit-Bonus – Hunde denken nicht vergangenheitsbezogen! Immer wieder heißt es, dass sich ein neuer Hund erst einmal eingewöhnen muss und erst danach die Erziehung beginnen soll – vergessen Sie das!

Erziehung ist viel mehr als Sitz und Platz und die Arbeit in der Hundeschule. Erziehung fängt in den eigenen vier Wänden an, und zwar vom ersten Augenblick an. All das, was Sie nun durchgehen lassen, alle Privilegien, die Sie zugestehen, sind nach der Eingewöhnungsphase äußerst schwierig wieder aufzuheben.

Erwarten Sie aber keinen Kadavergehorsam von Ihrem Podenco. Zu den typischen Eigenschaften dieser Rasse gehört eine gewisse

Wenn Sie am Anfang den Blick in die Töpfe – oder andere Dinge – ausnahmsweise erlauben, lässt sich das später nur mit viel Aufwand korrigieren. (Foto: H. Schmidt-Röger)

Selbstständigkeit, schließlich müssen sie in ihrem ursprünglichen Job während der Jagd selbstständige Entscheidungen treffen und kommunizieren nicht ständig mit ihren Menschen, wie dies zum Beispiel Border Collies bei der Hütearbeit tun. Sie müssen sich auch darauf einstellen, bei der Hundeerziehung kreativ zu sein und vielleicht lange zu suchen, bis Sie das richtige Mittel finden, das Ihren Schüler motiviert – sehr wichtig ist dabei die Unterstützung eines guten Hundetrainers. 08/15-Lösungen gibt es bei der Erziehung eines Podencos nicht! Kommandos müssen ausgeführt werden, doch manchmal scheint der Podenco vorher eine kleine Gedenkminute einzulegen und klebt auch nicht ständig an Ihrem Bein in Erwartung der nächsten Aufgabe – ein zackiger Befehlsempfänger ist er nicht!

Verhalten in der Wohnung

Podencos führen ein Doppelleben: im Freien voller Power und in der Wohnung die Ruhe selbst. In typischer Windhundmanier verschlafen sie einen großen Teil des Tages auf dem Sofa oder in einem kuscheligen Körbchen und erinnern dabei in ihrem Verhalten eher an Katzen als an Hunde. Schmusen steht bei vielen hoch im Kurs und gerade abends wird inniger Körperkontakt gesucht – da kann es auf dem Sofa oder im Bett (wenn Sie das erlauben) schon einmal eng werden. Sie bellen wenig, sind aber durchaus wachsam.

Grundsätzlich handelt es sich um eine Hunderasse mit wenig Eigengeruch. Allerdings verlieren gerade die kurzhaarigen Podencos (auch aufgrund der Wohnungshaltung) ganzjährig mehr oder weniger Haar. Die kurzen, etwas starren Haare bohren sich hartnäckig in Teppiche und Polster und lassen sich von dort nur mühsam entfernen. Wenn also das schwarze Stoffsofa Ihr ganzer Stolz ist, können Sie an den weißen Stichelhaaren verzweifeln, die sich auch auf dunkler Kleidung in auffällige Accessoires verwandeln.

Verhalten draußen und unterwegs

Podencos haben ein großes Bewegungsbedürfnis. Zwischen zwei und drei Stunden sollten sie sich täglich im Freien bewegen dürfen. Dabei ist es ihnen wichtiger, zwischendurch kurze Sprints einzulegen, als ständig hochtourig zu laufen. Diese Freizeit sollte sich aufteilen in einen großen Spaziergang von mindestens einer Stunde und zwei bis drei Runden von etwa einer halben Stunde. Allerdings sind diese Angaben lediglich Richtwerte, die jeder individuell auf sich und seinen Hund anpassen muss.

Unterschätzen Sie keinesfalls die jagdliche Motivation, die ein Podenco in sich trägt. Einfach mal die Leine abmachen und hoffen, er kommt wieder – vergessen Sie das! Seine Jagdleidenschaft zu kontrollieren ist eines der gro-

Einmal am Tag richtig austoben muss sein …
(Foto: S. Blank)

… dabei gibt es auch manches Mäuschen zu entdecken.
(Foto: S. Blank)

ßen Ziele in der Ausbildung und sicherlich das zeitaufwendigste und kostenintensivste. Viele Podenco-Besitzer können ihre Hunde im Freilauf gut kontrollieren, aber eben nicht alle. Der eine oder andere muss an der langen Leine bleiben und kann sich nur in sicher eingezäunten Arealen austoben – ein Leben lang.

Den eleganten Spaniern ist es wichtig, möglichst viel Zeit mit ihren Menschen zu verbringen, am liebsten sind sie immer dabei. Das ist nicht weiter schwierig, da sie äußerst gesellschaftsfähig sind: Im Restaurant, bei Freunden, im Urlaub in der Ferienwohnung oder im Hotel – sie passen sich an die neue Umgebung an und suchen sich ein gemütliches Plätzchen, wo sie dösen können. Es sind unauffällige und ruhige Begleiter, allerdings sollten Podencos, wie im Grunde andere Hunde auch, nicht auf Massenveranstaltungen wie Weihnachtsmärkte oder Stadtfeste mitgeschleift werden.

Wenn Sie mit Ihrem Gefährten unterwegs sind, werden Sie feststellen, dass viele Passanten Sie ansprechen. Meistens wird nach seiner Rasse oder Herkunft gefragt, und da das fast immer sehr freundlich geschieht, haben Sie dadurch Gelegenheit, mit netten Leuten ins Gespräch zu kommen. Allerdings müssen Sie sich manchmal mehr oder weniger harscher Kritik stellen. Der eine Angriffspunkt ist die schlanke Linie des Podenco: Vielen scheint er unterernährt zu sein. Vielleicht ergeht es Ihnen sogar wie einigen Windhundbesitzern, die von Passanten ein paar Euro in die Hand gedrückt bekamen mit der Bitte, dem armen Hund etwas Futter zu kaufen. Trotz aller Angriffslust – klären Sie sachlich und nett auf! Emotionaler geht es zu, wenn Sie mit der Frage konfrontiert werden: „Warum holen Sie einen Hund aus Spanien, wo unsere deutschen Tierheime doch auch voll sind?“ Jemand, der in Spanien, auf Mallorca, in Italien oder der Türkei eine Auffangstation oder ein Tierheim gesehen hat, wird diese Frage nie stellen. Für so einen Fall sollten Sie eine ganz persönliche Diskussionsstrategie und Argumente parat haben und auch damit leben können, dass das Gegenüber nicht überzeugt werden kann.

Gesundheitliche Aspekte

Podencos sind robuste und zähe Vierbeiner und können bei entsprechender Haltung und Pflege durchaus ein Alter von 14 Jahren erreichen. Allerdings bringen einige Hunde Unliebsames aus ihrem früheren Leben mit, beispielsweise die eine oder andere typische Krankheit südlicher Länder wie Leishmaniose oder Herzwurmbefall (siehe Kapitel „Ernährung und Gesundheit“). Natürlich gibt es viele kerngesunde Podencos, die den Tierarzt nur einmal jährlich zu den anfallenden Impfungen sehen, doch Sie müssen sich darauf einstellen, dass eventuell höhere Tierarztkosten anfallen als bei einem Hund, der vorher in unseren Breiten gelebt hat.

Kälte und Schnee sind kein Problem, eine kurze Spielpause darf aber sein. (Foto: S. Blank)

Die meisten Podencos kommen durch Tierschützer nach Deutschland. (Foto: H. Schmidt-Röger)

Checkliste: Ein Traumhund soll Wirklichkeit werden

Wenn Sie sich in einen Podenco verliebt haben, sollten Sie ganz streng mit sich ins Gericht gehen, über die folgenden Fragen nachdenken und diese mit Ihrer Familie oder Ihrem Lebenspartner offen und ehrlich diskutieren. Nur wenn Sie mit all diesen Dingen (und wahrscheinlich mit noch viel mehr) leben können, sollten Sie sich auf das Abenteuer Podenco einlassen!

- Sind Sie bereit, dem Hund während der Eingewöhnungsphase in sein neues Leben sehr viel Zeit zu widmen?
- Muss der Podenco viel allein bleiben? Besteht die Möglichkeit, ihn mit ins Büro zu nehmen? Wie andere Hunde auch sollte ein Podenco nach entsprechender Gewöhnung nicht mehr als etwa vier Stunden täglich von seinen Menschen getrennt sein.
- Gibt es Freunde oder Familienangehörige, die einspringen können, wenn Sie sich beispielsweise aus gesundheitlichen Gründen nicht so um Ihren Gefährten kümmern können, wie Sie sich das wünschen?
- Sind Sie geduldig, tolerant und kreativ, aber trotzdem konsequent?
- Suchen Sie Aufmerksamkeit oder können Sie mit dieser umgehen?
- Haben Sie einen geregelten Tagesablauf? Podencos lieben Routine.
- Sind Sie bereit, jeden Tag, bei jedem Wetter ausgiebige und interessante Spaziergänge zu unternehmen?

- Sind Sie bereit, aufgrund einer eventuell vorhandenen Vorerkrankung des Hundes höhere Tierarztkosten in Kauf zu nehmen?
- Erwarten Sie von Ihrem Hund Kadavergehorsam?
- Sind Sie bereit, Zeit, Geld und vielleicht auch lange Wege zu investieren, um mit einem Hundetrainer zu arbeiten, der zu Ihnen und Ihrem Hund passt?
- Sind Sie bereit, von Standardlösungen in der Hundeerziehung Abschied zu nehmen und neue Wege zu gehen?
- Können Sie damit leben, Ihren Podenco vielleicht nie von der Leine zu lassen? Haben Sie einen 1,50 bis 2,00 Meter hoch eingezäunten Garten oder die Möglichkeit, einen Hundeplatz zu nutzen, damit sich Ihr Podenco dort austoben kann?
- Fühlen Sie sich durch einen Hund (in Ihren Freiheiten) eingeschränkt?
- Wollen Sie Ihre Urlaubszeit wirklich ohne Ihren Podenco verbringen? Wenn es nicht an ders geht, sollte wirklich nur der beste Pflegeplatz infrage kommen. Das erste halbe Jahr nach seinem Einzug bei Ihnen sollte der Podenco jedoch nicht von seiner neuen Familie getrennt werden. Wenn Sie Ihren Vierbeiner mitnehmen, sollten Sie sich vorher vergewissern, dass Urlaubsort und Unterkunft hundegerecht sind.
- Können Sie es ertragen, wenn plötzlich alles anders wird, als Sie es sich durch Ihre rosarote Brille vorgestellt hatten?
- Ins Zweifeln gekommen? Dann sollten Sie besser noch eine Weile warten und sich die Fragen später noch einmal stellen, vielleicht haben sich dann Ihre Lebensumstände ja zugunsten eines Podenco verändert. Wenn nicht, wäre es besser, sich von der Vorstellung zu verabschieden, Ihr Leben mit einem dieser Hunde zu teilen.

Wenn Sie aber all das nicht aufhalten kann, weil alles lösbar ist und Sie außerdem geduldig und konsequent, humorvoll und optimistisch sind – na, dann los!

Wie komme ich an so einen Hund?

Sie sind jetzt sicher, dass nur ein Podenco der Gefährte ist, der alle Ihre Hundeträume erfüllt, und genau der Vierbeiner, dem Sie ein herrliches Leben bieten können? Ihr Partner verdreht beim Wort Podenco nur noch die Augen, weil Sie von morgens bis abends kein anderes Gesprächsthema mehr haben? Sie wälzen sich nachts im Bett hin und her und können nicht schlafen, weil die Vorfreude Sie wach hält, Sie sich das neue Hundeleben in allen Einzelheiten vorstellen und es nun nicht schnell genug gehen kann? Stopp! Sie dürfen sich nun nicht von Ihrem Enthusiasmus gefangen nehmen lassen, sondern müssen auch weiterhin einen klaren

Neben reinrassigen Hunden kommen auch viele Podenco- und Galgo-Mischlinge aus Spanien. (Foto: S. Dassinger)

Kopf behalten. Denn nun gibt es eine Menge zu planen und vorzubereiten, damit der Einzug des neuen Familienmitglieds möglichst harmonisch und stressfrei verläuft. Lassen Sie sich bei allem Eifer dennoch viel Zeit bei der Auswahl des Hundes und nehmen Sie nur den, bei dem Sie merken, dass es zwischen Ihnen beiden funkt.

Tierschutz in Deutschland

Viele deutsche Tierheime haben intensive Kontakte zu südeuropäischen Tierschutzvereinen. Wenn die Möglichkeit besteht, werden mehrere Hunde, zum Beispiel mit Flugpaten, nach Deutschland geholt. Diese warten dann in Tier-

Seien Sie kritisch bei der Auswahl: Stimmt die Chemie zwischen Ihnen und dem auserwählten Hund? (Foto: S. Blank)

heimen oder Notvermittlungsstellen auf ihre neuen Menschen und werden auch immer mal wieder in den Tiervermittlungssendungen im Fernsehen vorgestellt. Auch das Internet ist eine wahre Fundgrube, dort kann man gezielt nach einem Podenco oder Podenco-Mix suchen (siehe Anhang). Und wenn Sie einmal in Spanien, Italien, auf Mallorca oder in Griechenland Urlaub machen, bieten Sie sich für den Rükkflug als Flugpate an. Informationen erhalten Sie bei jeder südlichen Tierschutzorganisation (siehe Anhang).

Ist der Hund bereits in Deutschland, sollten Sie mit dem Tierheim oder der Pflegestelle einen Besuchstermin vereinbaren. Stellen Sie sich auf mehrere Besuche ein, machen Sie Spaziergänge mit dem Hund und unterhalten Sie sich ausführlich mit den Pflegern. Versuchen Sie, so viel wie möglich über die Charaktereigenschaften und Eigenarten des Podenco zu erfahren. Einen Hund (aber auch einen Menschen) ganz ohne Macken gibt es nicht – es stellt sich lediglich die Frage, ob Sie mit ihnen umgehen und leben können und wollen.

Wenn Sie sich vorstellen, dass ein Rassehund vom Züchter im Schnitt 800 Euro kostet, sind Sie mit etwa 200 Euro Vermittlungsgebühr des Tierschutzes durchaus günstig weggekommen (das sollten Sie sich immer vor Augen halten, wenn vielleicht einmal eine Extrauntersuchung beim Tierarzt fällig ist). Die Höhe der Vermittlungsgebühr hängt auch davon ab, welche medizinische Versorgung der Podenco bisher bekommen hat, zum Beispiel, ob er bereits kastriert ist.

Sie werden sich von den Tierheimmitarbeitern eine Menge Fragen stellen lassen müssen. Werten Sie dies als ein gutes Zeichen, das zeigt, dass die Tierschützer sichergehen wollen, dass ihr Schützling einen wirklich guten Platz bekommt. Auch das Unterschreiben des Schutzvertrags ist Pflicht und die meisten Tierschutzorganisationen führen Nachkontrollen durch, wie es dem Hund bei Ihnen geht. Das ist keineswegs persönlich gemeint, doch leider müssen die Tierschützer immer wieder feststellen, dass Interessenten falsche Angaben gemacht haben.

Ein Hund aus Spanien

Der direkteste Weg ist die Kontaktaufnahme mit einer der spanischen Organisationen, die neben erwachsenen Podencos jeden Alters auch häufig Welpen vermitteln. Im Internet und in verschiedenen Hunde- oder Tierzeitschriften wird immer wieder über südliche Tierschutzorganisationen berichtet (siehe Anhang). Sie sollten von Anfang an klarstellen, dass Sie einen Podenco oder Podenco-Mix suchen, um Missverständnissen vorzubeugen. Nicht jede Organisation hat verständlicherweise ständig alle Rassen in allen Altersgruppen parat. Nehmen Sie Kontakt zu Menschen auf, die bereits einen oder mehrere Podencos halten, und informieren Sie sich, woher diese ihre Hunde haben und wie der Kontakt zustande kam. Überlegen Sie außerdem, welcher Weg für Sie am besten geeignet ist: ein Hund, der bereits in Deutschland ist, oder selbst abholen oder die Möglichkeit eines Flugpaten nutzen?

Auch wenn Sie einem importierten Hund ein neues Zuhause gegeben haben, ist es möglich, Papiere vom Zuchtverband zu bekommen. Hierzu ist es notwendig, dass sie einen augenscheinlich reinrassigen Podenco Ibicenco besitzen. Zuerst müssen zwei Richter, die Podencos richten dürfen, unabhängig voneinander die Rassereinheit bestätigen. Sie als Halter müssen dazu Mitglied im DWZRV (Deutscher Windhundzucht- und Rennverband e.V.) sein. Das Zuchtbuchamt stellt anschließend Registerpapiere aus, das sind Papiere ohne Ahnentafel (also Eltern, Großeltern, Züchter und so weiter). Bei Interesse setzen Sie sich bitte mit der Geschäftsstelle des DWZRV in Verbindung (siehe Anhang).

Ein Hund aus dem Katalog?

Einen Hund über das Internet zu bestellen, nach einem Foto – ganz ehrlich, macht man das nicht mit Hosen oder Schuhen? Und wenn die nicht

Romantische Vorstellungen sind fehl am Platz, Tierheime im Süden sind voll, ernüchternd und belastend. (Foto: S. Blank)

gefallen, schickt man sie einfach wieder zurück! Schließlich kann man innerhalb von 14 Tagen alles zurückgeben, was nicht gefällt – oder? Gehört zur Auswahl eines Hundes nicht viel mehr als nur die Farbe und die Größe? Was, wenn kein Funke überspringt, sich keine Beziehung entwickelt? Dann gibt man den Podenco einfach ins nächste Tierheim, hat eben doch nicht so gepasst– vielleicht klappt es mit dem nächsten ...

Immer wieder hört man von solchen Geschichten. Sie als engagierter Hundehalter wollen sicher nicht daran schuld sein, dass ein Tier eine unabsehbare Odyssee vor sich hat, von Hand zu Hand gereicht wird, bis es schließlich solche Verhaltensstörungen entwickelt, dass es als nicht mehr vermittelbar gilt! Ein Hund ist keine Ware, er ist ein Mitgeschöpf, ein Freund, und verdient eben diesen Respekt!

Den Hund selbst holen

Sich im Internet Anregungen zu holen oder einfach Interesse für einen bestimmten Hund oder auch eine bestimmte Organisation im Allgemeinen zu bekommen – wunderbar. Die ideale Lösung ist es dann, sich auf den Weg zu machen, an Ort und Stelle zu schauen, ob der Auserwählte wirklich passt. Vielleicht entdecken Sie ja auch einen ganz unauffälligen Gesellen, bei dem es plötzlich klick macht. Hatten Sie den auf dem Foto gar nicht wahrgenommen? Manchmal suchen sich beide Seiten aus – wie genau so etwas passiert, kann man mit Worten nicht beschreiben.

Um einen solchen Traumhund zu finden, brauchen Sie nicht mehr als ein paar Tage Urlaub und einen günstigen Flug. Dann können Sie sich die Verhältnisse selbst betrachten. Wer dazu keine Zeit oder auch kein Geld hat – der sollte wirklich überlegen, ob er überhaupt Zeit und Geld für einen Hund hat!

Checkliste: Wie läuft's ab?

Einen Hund direkt aus dem Süden zu holen braucht schon etwas Organisationstalent. Die folgende Checkliste hilft Ihnen, nichts zu vergessen.

Kontakt aufnehmen

Per E-Mail, oder besser einfach anrufen, Termin vereinbaren und gleichzeitig nach Unterstützung bei der Suche nach einer Unterkunft fragen. Manchmal kann man auch direkt bei der Tierschutzorganisation übernachten. Bitte erwarten Sie hier keine hotelähnlichen Verhältnisse! Fragen Sie nach, ob Sie (je nach Entfernung) jemand vom Flughafen abholen kann. Andernfalls sollten Sie besser einen Mietwagen nehmen.

Vielleicht können Sie bei dieser Gelegenheit gleich ein paar leere Flugboxen von Deutschland mit zurück nach Spanien nehmen? Bieten Sie Ihre Unterstützung an. Leere Boxen sind Sperrgepäck und werden Ihnen je nach Gewicht als Übergepäck angerechnet. Eine erste Spende? Manche Fluggesellschaften sind aber gerade für den Tierschutz sehr kulant.

Wann holen?

Am angenehmsten ist es sicher, wenn Sie den Podenco nicht im strengsten Winter holen. So hat der Hund die Möglichkeit, sich langsam an unser Klima zu gewöhnen, und genügend Zeit, sich ein dickes Fell für den Winter zuzulegen.

Auch für Sie ist Frühjahr oder Sommer bestimmt die schönere Jahreszeit. Die Tage sind länger, man kann gerade in den Abendstunden noch wunderschöne Spaziergänge unternehmen und hat ausreichend Zeit, sich immer besser kennen zu lernen. Außerdem macht das Training bei schönem Wetter viel mehr Spaß!

Planen Sie ein paar Tage Urlaub

Im Normalfall reichen etwa vier Tage gut aus, um an Ort und Stelle relativ stressfrei alles Notwendige zu erledigen. Bedenken Sie, dass Sie

Aus all den vielen Hunden werden Sie am Ende Ihren Hund herausfinden. (Foto: S. Blank)

außerdem mindestens zwei bis drei Wochen für die Eingewöhnung zu Hause benötigen. Danach kann der Alltag meistens Schritt für Schritt wieder einkehren.

Vorbereitung des Rückflugs mit Hund

Besprechen Sie vorher mit Ihrer Kontaktperson, wer die Organisation des Rückflugs mit Hund übernimmt – meistens müssen Sie sich selbst darum kümmern. Wichtig: Der Podenco muss so früh wie möglich für den Rückflug bei der Fluggesellschaft angemeldet werden. Mehr als drei große Hunde pro Maschine werden in der Regel nicht mitgenommen. Sie müssen auch die Flugkosten für Ihren Hund einplanen, die Preise für Übergepäck in Form eines Hundekennels sind je nach Fluggesellschaft unterschiedlich. Wenn Sie keine eigene Flugbox besitzen, können Sie sich meist eine von der Tierschutzorganisation ausleihen, das sollten Sie vorher klären.

Machen Sie sich ein Bild

Vergessen Sie alle romantischen Vorstellungen vom Tierschutz. Diese Arbeit ist wirklich anstrengend, belastend, sehr kostspielig und nicht immer leicht zu ertragen. Seien Sie realistisch und versuchen Sie die Betreuer der Tiere nicht permanent in ihrer alltäglichen Arbeit zu stören. Wenn Sie gerne mitarbeiten möchten, fragen Sie einfach, wobei Sie am besten helfen können.

Häufig werden Sie wirklich viele Hunde antreffen, vielleicht mehrere hundert. Dass es da riecht und nicht alles penibel aufgeräumt und sozusagen klinisch rein ist, ist völlig normal. Häufig haben die Hunde Flöhe und Zecken, was bei dieser Zahl und den Bedingungen nicht vermeiden ist– schließlich ging es hier in erster Linie darum, das Überleben der Tiere unter widrigen Bedingungen zu sichern.

Schauen Sie sich den Tagesablauf der Hunde genau an: Wann wird gefüttert, was und wie? Wie gehen die Tiere miteinander und mit den Menschen um? Viele Situationen und Probleme, die vielleicht später zu Hause auftreten, lassen sich dann ganz logisch erklären.

Wann sollten Sie besser die Finger davonlassen?

Welchen Eindruck hatten Sie schon bei den ersten (telefonischen) Kontakten? Nett, freundlich, interessiert? Konnten Sie alles fragen, was Sie wissen wollen, oder hatten Sie den Eindruck, dass Ihre Fragen ignoriert oder elegant umgangen wurden? Werden die Hunde alle auf Reisekrankheiten getestet und medizinisch gut versorgt? Wird man Ihnen die Unterlagen zeigen und mitgeben?

Haben Sie an Ort und Stelle den Eindruck, dass die Tiere in katastrophalen gesundheitlichen Zuständen sind? Wie ist der Umgangston unter den Mitarbeitern, aber auch zu den Hunden? Freut man sich über Ihr Interesse oder fühlen Sie sich völlig fehl am Platz?

Sie sollten auf jeden Fall den Eindruck haben, dass sich die Mitarbeiter um ihre Schützlinge kümmern und aus den örtlichen Gegebenheiten das Beste machen. Wenn Sie ein schlechtes Gefühl bei der Sache haben – lassen Sie die Finger davon!

Hund auswählen – Hund kennen lernen

Schauen Sie sich erst alle Tiere an, bevor Sie eine endgültige Entscheidung treffen. Fragen Sie, wann die beste Tageszeit ist, um alle Hunde in Ruhe anzuschauen, und wie Sie sich in den Hundegruppen verhalten müssen.

Lassen Sie die Hunde auf sich wirken und zu jedem kurz erläutern, wie alt er ist und welches die wichtigsten Charaktereigenschaften sind. Auch wenn Sie es sich nicht vorstellen können:

Ihnen wird plötzlich ganz klar sein, wer mit nach Hause fliegen darf! Rechnen Sie damit, einen Schutzvertrag auszufüllen und zu unterschreiben. Außerdem wird wie in jedem deutschen Tierheim eine Vermittlungsgebühr fällig. Die Höhe ist ganz unterschiedlich und hängt natürlich auch davon ab, ob der Hund

Der Flugkennel sollte stabil, geräumig und innen gepolstert sein. (Foto: B. Zingler)

bereits kastriert ist. Seien Sie bitte nicht kleinlich und unterstützen Sie die Tierschutzarbeit auch finanziell!

So schwer es fällt, Sie können nicht alle Hunde retten, auch wenn diese Sie mit noch so herzerweichendem Blick anschauen. Vielleicht können Sie aber für einen sehr alten, kranken oder nicht mehr vermittelbaren Podenco eine Patenschaft zu übernehmen? Viele Organisationen bieten das an.

Rechtliche Vorraussetzungen für die Einfuhr des Hundes nach Deutschland

Ist die Wahl getroffen, ist eventuell ein weiterer Tierarztbesuch notwendig. Jeder Hund, der nach Deutschland einreist, muss eine gültige Tollwutschutzimpfung besitzen. Eine erstmalige oder nach langer Unterbrechung erfolgte Impfung darf bei Grenzübertritt nicht jünger als 30 Tage und nicht älter als zwölf Monate sein. Eine Wiederholungsimpfung darf bei Grenzübertritt ebenfalls nicht älter als zwölf Monate sein. Die Durchführung der Impfung muss von einem Tierarzt im EU-Heimtierausweis bestätigt sein, der seit dem 3. Oktober 2004 für Reisen von Hunden innerhalb der Europäischen Union vorgeschrieben ist. Er wird wie der Impfpass vom Tierarzt ausgestellt. Außerdem ist eine fälschungssichere Kennzeichnung von Hunden durch einen Mikrochip vorgeschrieben. Für eine Übergangszeit von fünf Jahren ist auch eine Tätowierung zulässig. Eine gesonderte amtstierärztliche Untersuchung ist nicht erforderlich.

Flugvorbereitungen

Die Zeit bis zu Ihrem Abflug nach Deutschland sollten Sie in aller Ruhe mit Ihrem Podenco verbringen. Dann ist auch der Flug nicht ganz so schlimm und es erwartet ihn wenigstens ein bekanntes Gesicht bei seiner Ankunft am Flughafen in Deutschland.

Ob der Hund vor dem Abflug ein Beruhigungsmittel bekommt, ist davon abhängig, welche Erfahrungen die Betreuer in Spanien gemacht haben. Extrem unsichere und ängstliche Tiere bekommen meist ein Medikament vor dem Abflug. Die coolen, ruhigeren Typen können das ganze Geschehen durchaus mit klarem Kopf verfolgen.

Ängstliche Tiere bekommen vor dem Flug noch ein Beruhigungsmittel. (Foto: B. Zingler)

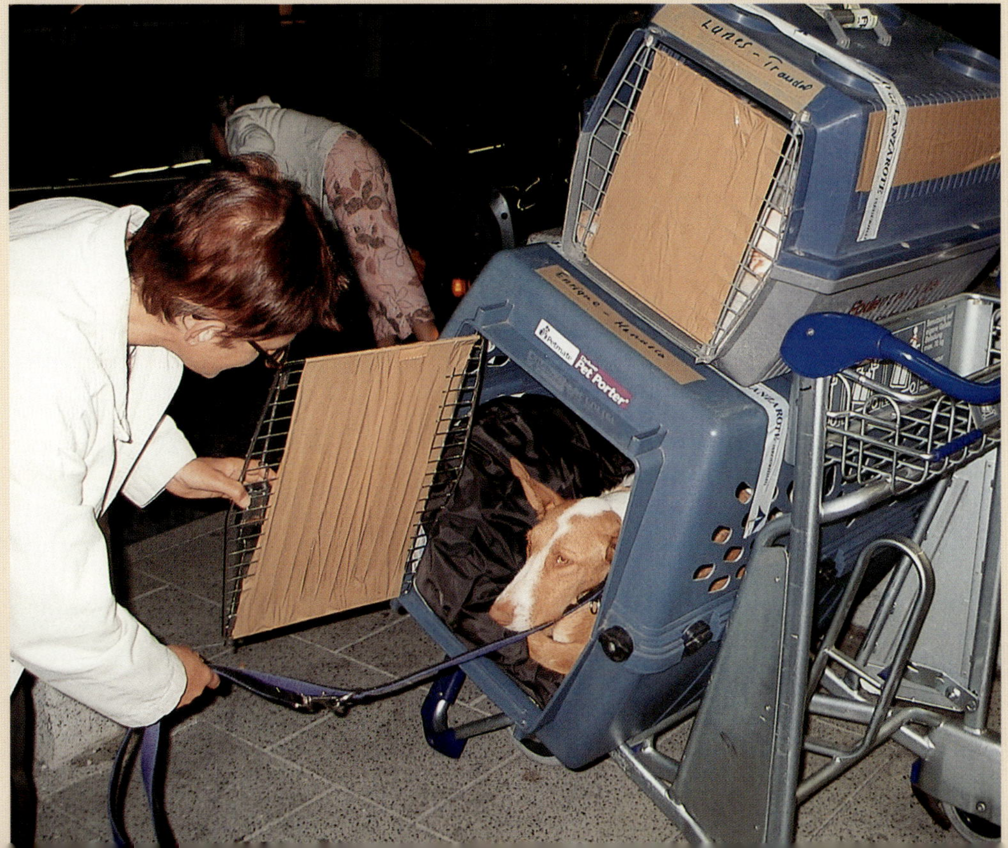

Rückflug

Wenn Sie zum ersten Mal einen Hund nach Deutschland einfliegen, ist es beruhigender, wenn ein Mitarbeiter der Organisation Sie an den Flughafen begleitet. Gerade wenn das Flughafenpersonal noch Fragen hat, fühlen Sie sich in Begleitung sicherer. Selbstverständlich müssen Sie den EU-Heimtierausweis griffbereit halten. Wenn Sie dies einmal mitgemacht haben, ist es beim nächsten Mal kein Problem, die Sache selbst in die Hand zu nehmen.

Ankunft in Deutschland

Die erste Hürde ist genommen. Jetzt lassen Sie alles langsam anlaufen. Falls Ihnen die Flugbox leihweise zur Verfügung gestellt wurde, kümmern Sie sich um den Rücklauf nach Spanien. Es ist Ehrensache, dass Sie vorher prüfen, ob die Funktion der Box einwandfrei und diese sauber ist.

Hund vom Züchter

In Deutschland ist es sicher die Ausnahme, einen Podenco Ibicenco vom Züchter zu bekommen. Hier wird die Rasse vom DWZRV (Deutscher Windhund Zucht- und Rennverband e.V., siehe Anhang) betreut. Dort können Sie erfragen, ob ein Züchter zurzeit Welpen hat. Legen Sie wie bei allen anderen Welpenkäufen einen hohen Maßstab an Züchter und Welpen an und kaufen Sie nur, wenn Menschen und Hunde Sie absolut überzeugen können.

In Deutschland gibt es nur wenige Podenco-Ibicenco-Züchter. (Foto: S. Blank)

Die Würfel werden neu gemischt

Auch wenn es Ihnen in den Fingern juckt, Ihrem Podenco alles zu zeigen – lassen Sie dem Neuankömmling, der sich bei Ihnen in einer völlig fremden Welt wiederfindet, alles Schritt für Schritt kennen lernen. Stellen Sie am besten einen konkreten Plan auf. Tritt aber eine unvorhersehbare Situation ein, sollten Sie diese ausnutzen. In den ersten 14 Tagen ist es für den Podenco aufregend genug, alle Familienmitglieder und das neue Heim, also die Wohnung oder auch ein Haus und vielleicht einen Garten, kennen zu lernen. Vergessen Sie nicht, dass er nun auch einen völlig anderen Lebensrhythmus verkraften muss, was den Alltag, Spaziergänge und feste Futterzeiten betrifft.

Im Sommer wird ein flacher Bach gerne zur Abkühlung genutzt, aber echte Wasserratten werden Podencos selten. (Foto: H. Schmidt-Röger)

Erste Pflegemaßnahmen

Als Erstes sollten Sie Ihren Podenco gründlich unter die Lupe nehmen. Hat er äußere Parasiten? Ist sein Fell sehr schmutzig? Unter den Bedingungen, in denen er vorher gelebt hat, lässt sich das nicht immer vermeiden. Entdecken Sie Wunden oder Entzündungen? Machen Sie einen kompletten Pflege-Check! Ihr Tierarzt wird den Neuankömmling beim ersten Besuch zwar auch von oben bis unten untersuchen, trotzdem sollten Sie schon ein wenig vorarbeiten.

Baden

Es kann durchaus sein, dass Ihr neuer Hausgenosse ein schmutziges Fell hat und unangenehm riecht. Trotzdem sollten Sie mit einem Bad möglichst einige Tage warten, bis der Hund sich in der neuen Umgebung zurechtfindet. Podencos gehören nicht gerade zu den wasserfreudigen Rassen und verzichten liebend gern darauf.

Je mehr Vertrauen Ihr Hund zu Ihnen hat, desto einfacher gestaltet sich das Bad für beide Seiten. Verwenden Sie auf jeden Fall ein spezielles rückfettendes Hundeshampoo aus dem Fachhandel, legen Sie eine rutschfeste Matte in die Wanne und vergessen Sie anschließend das gründliche Abtrocknen nicht, um Erkältungen vorzubeugen.

Wenn Sie das Abduschen anfangs umgehen möchten, können Sie den Hund bei schönem Wetter draußen mit einem großen Schwamm abwaschen – das ist für ihn nicht so stressig. Hat der Vierbeiner sich richtig eingewöhnt, können Sie ihn in der Wanne abduschen. Arbeiten Sie sich dabei schrittweise vor, indem Sie zuerst nur die Füße und Beine duschen, das nächste Mal vorsichtig Bauch und Brust einbeziehen, bis Sie schließlich den ganzen Körper reinigen können. Wenn Sie anfangs kein oder wenig Shampoo verwenden, fällt dem Hund die Gewöhnung an die Dusche vielleicht leichter.

Zähne

Versuchen Sie bestimmt, aber ohne Ihrem Freund Angst zu machen, einen Blick auf das ganze Gebiss zu werfen. Nur so können Sie feststellen, in welchem Zustand die Zähne sind.

Leichte Beläge an den Zähnen lassen sich meist gut reduzieren, wenn Sie dem Hund ordentlich was zum Kauen anbieten, wie Büffelhautknochen, Kaustreifen, die Seealgenmehl enthalten, spezielle Zahnbürstenknochen, getrocknete Rinderohren, Rinderkopfhaut oder Ochsenziemerstücke. Nach behutsamer Gewöhnung können Sie die Zähne dann auch mit einem Stückchen Verbandmull abreiben oder mit einer Hundezahnbürste und Hundezahnpasta pflegen.

Sind die Beläge bereits mineralisiert, also zu Zahnstein verhärtet, hilft oft nur der Weg zum Tierarzt. Meist ist dann eine Narkose notwendig. Ihr Tierarzt wird Sie beraten, ob dies schon nötig ist oder ob Sie noch eine Weile warten können, ohne dem Hund damit zu schaden. Eine gründliche Zahnsteinentfernung bietet sich zum Beispiel an, wenn sowieso eine Narkose fällig ist, etwa wegen einer anstehenden Kastration.

Ohren

Einmal in der Woche sollten Sie sich dem auffälligsten Merkmal der Podencos widmen – den Ohren. Sind Sie sauber und riechen Sie nicht unangenehm? Dann müssen Sie nichts weiter unternehmen. Leichte Verschmutzungen im äußeren Ohr können Sie mit einen Tuch und einer speziellen Ohrenpflegelotion reinigen. Versuchen Sie aber niemals, mit einem Wattestäbchen in die tieferen Regionen vorzudringen, dadurch schieben Sie Schmutz nur weiter hinein und könnten das Innenohr verletzten. Das Entfernen tiefer liegender oder sehr starker Verschmutzungen sollten Sie dem Tierarzt überlassen. Er ist auch die richtige Adresse, wenn das Ohr unangenehm riecht.

Krallen

Podencos mit ihren Hasenpfoten haben gerade vorn meist lange Krallen, die gelegentlich gekürzt werden müssen. Kontrollieren Sie alle vier bis sechs Wochen, ob die Krallen so lang sind, dass dadurch die Zehen gespreizt oder angehoben werden. Falls ja, müssen sie mit

Die spezielle Pfotenform der Podencos macht regelmäßiges Krallenschneiden nötig. (Foto: H. Schmidt-Röger)

einer speziellen Krallenschere oder -zange geschnitten werden. Lassen Sie sich das am besten vorher vom Tierarzt zeigen. Wenn Sie es selbst versuchen wollen, müssen Sie darauf achten, die in den hellen Krallen meist gut zu erkennenden Blutgefäße nicht zu verletzen – legen Sie sich sicherheitshalber ein Blut stillendes Mittel aus der Apotheke bereit. Das Ende der Kralle sollte so geschnitten werden, dass es danach wieder die Form wie vorher hat.

Fellpflege

Bei den glatthaarigen Vertretern der Rasse ist es ausreichend, die losen Haare alle 14 Tage mit einer weichen Gumminoppenbürste und einem Striegel zu entfernen. Allerdings freut sich jeder Hund, wenn er täglich damit verwöhnt wird, das ist wie eine entspannende Massage. Die rauhaarigen und langhaarigen Podencos werden ein- bis zweimal wöchentlich mit einer Bürste mit abgerundeten Nop-

Tägliches Bürsten mit einer weichen Gumminoppenbürste muss nicht sein, aber es ist gut zur Parasitenkontrolle und für den Hund eine angenehme Massage. (Foto: H.Schmidt-Röger)

pen, einem Striegel und einem Kamm gepflegt. Während des Fellwechsels im Frühjahr und im Herbst haaren die Hunde verstärkt und sollten dann häufiger gebürstet werden, doch auch dazwischen verlieren sie kontinuierlich Haare.

Bei der Fellpflege wird Ihnen auffallen, ob Ihr Podenco unter äußeren Parasiten leidet. Zecken sitzen häufig in den Hautfalten unter der Achsel, zwischen den Zehen und an den Ohrrändern, können aber auch an anderen Stellen des Körpers vorkommen. Am einfachsten entfernt man Zecken mit einer speziellen Zeckenzange aus dem Zoofachhandel oder vom Tierarzt. Beträufeln Sie eine Zecke keinesfalls vor dem Entfernen mit Öl, Alkohol oder anderen Flüssigkeiten. Dadurch wird der Blutsauger erst recht dazu veranlasst, seinen Speichel abzugeben, der gefährliche Krankheitserreger übertragen kann. Hebeln Sie die Zecke stattdessen einfach mit einer leichten Drehung heraus (nicht reißen, der Kopf muss unbedingt mit rauskommen!). Sollte sich die Bissstelle entzünden, können Sie sie mit einem antibiotischen Mittel vom Tierarzt versorgen.

Flöhe erkennt man meist gut an ihren Hinterlassenschaften, dem Flohkot: schwarze, sandkorngroße Krümelchen, die Sie auf der Haut finden. Wenn Sie die Krümel mit einem speziellen Flohkamm aus den Fell entfernen, anfeuchten und auf einem Papiertaschentuch zerreiben, werden sie sich auflösen und eine rötliche Farbe annehmen. Auf einem so hellen Hund wie dem Podenco können Sie vielleicht auch einige Flöhe finden, die meisten der Plagegeister verstecken sich jedoch in Ihrer Wohnung in Ritzen und Polstern. Deswegen ist bei einem Flohbefall eine möglichst schnelle Behandlung des Podenco, anderer im Haushalt lebender Hunde und Katzen sowie der Umgebung notwendig. Ihr Tierarzt hält die speziellen Präparate bereit.

Herbstgrasmilben sind als ganz kleine orangefarbene Pünktchen, meist zwischen den Zehen, zu sehen. Sie verursachen heftigen Juckreiz. Gehen Sie zum Tierarzt, wenn Sie diese Plagegeister entdecken.

Eine regelmäßige Vorbeugung gegen Flöhe und Zecken ist zu empfehlen. Lassen Sie sich von Ihrem Tierarzt die verschiedenen Möglichkeiten und Produkte erläutern. Flöhe sind Zwischenwirte von Würmern und für Hund und Mensch sehr unangenehm – schon ein einziger kann eine Flohallergie und quälenden Juckreiz auslösen. Zecken übertragen auf Menschen gefährliche Krankheiten wie FSME (Hirnhautentzündung) und Borreliose, auch Ihr Hund kann an Borreliose erkranken.

Komplett-Check – Vorstellung beim Tierarzt

Stellen Sie Ihren neuen Hausgenossen in der ersten Woche dem Tierarzt vor, damit er eine gründliche Untersuchung vornehmen kann. Hierzu gehören die Kontrolle der bisher vorgenommen Impfungen und eventuell anstehende Nachimpfungen sowie ein allgemeiner Check. Es sollte eine umfassende Blutuntersuchung durchgeführt werden, bei der auch die speziellen südländischen Krankheiten getestet werden (siehe Kapitel „Ernährung und Gesundheit“).

Vergessen Sie nicht, Ihrem Tierarzt mitzuteilen, woher Ihr neuer Schützling ursprünglich kommt. Sofern Sie Unterlagen über bereits vorgenommene Untersuchungen bekommen haben, sollten Sie ihm diese zeigen.

Bei jeder allgemeinen Untersuchung wird der Hund abgetastet und abgehört. Außerdem werden Augen, Ohren, Zähne, Krallen und die Analdrüsen kontrolliert. Sicherheitshalber sollten Sie Ihren Hund und andere im Haushalt lebende Artgenossen entwurmen – das Mittel dazu bekommen Sie beim Tierarzt. Bei späteren Entwurmungen sollten abwechselnd verschiedene Wirkstoffe verwendet werden, um Resistenzen vorzubeugen. Viele Tierschutzorganisationen werden die Hunde bereits vor der Vermittlung kennzeichnen. Früher wurde tätowiert, heutzutage fast ausschließlich ein Mikrochip an der linken Halsseite unter die Haut gesetzt. Hat Ihr Podenco noch keinen Chip, sollten Sie dies beim Tierarztbesuch nachholen. Mit einem speziellen Lesegerät können Tierärzte und Tierheime die Transponder-Nummer des Mikrochips lesen und so bei den verschiedenen Tiersuchregistern (siehe Anhang) den Eigentümer des Tieres ermitteln. Auf diese Weise können Sie vielleicht Ihren Hund zurückbekommen, falls er entlaufen ist.

Sind Kind und Hund dicke Freunde, dürfen sie auch (unter Aufsicht!) gemeinsam spazieren gehen. (Foto: S. Blank)

Status feststellen – was kennt/kann der Hund?

Versuchen Sie in der ersten Zeit festzustellen, was Ihr Hund schon kennt beziehungsweise was er kann. Verteilen Sie dieses Austesten über mehrere Wochen, ganz spontan, wenn sich gerade die Möglichkeit bietet, und überfordern Sie Ihren Podenco nicht. Bei sehr extremen oder für Sie nicht einschätzbare Reaktionen sollten Sie sich mit einem professionellen Hundetrainer beraten. Hier nun einige Beispiele – ohne Anspruch auf Vollständigkeit, denn im Einzelnen hängt dies natürlich von Ihren Lebensumständen ab.

Im Haus

Verhalten mit Kindern

Wie reagiert Ihr Podenco auf die erste Begegnung mit Kindern? Ist er sofort Feuer und Flamme, genießt er die Zuwendung und die Strei-

Viele ganz alltägliche Dinge im Haushalt sind für einen Südhund neu und beunruhigend. (Foto: H. Schmidt-Röger)

cheleinheiten der Kinder? Oder haben Sie den Eindruck, dass er mit den kleinen Menschen gar nichts anfangen kann? Reagiert er sofort mit Unsicherheit und möchte sich einfach nur der Situation entziehen? Lassen Sie dem Hund dann Zeit, bieten Sie Rückzugsmöglichkeiten und erzwingen Sie auf keinen Fall den engen Kontakt. Auf Kinder aggressiv zu reagieren ist für einen Podenco eher untypisch.

Grundkommandos

In der Regel wird ein Podenco keinerlei Vorkenntnisse im klassischen Bereich der Hundeausbildung mitbringen – kein Problem, so haben Sie auch nicht mit Altlasten zu kämpfen.

Stubenreinheit

Erwachsene Podencos sind sehr saubere Hunde und werden ihre direkte Umgebung nur äußerst selten verschmutzen. Gehen Sie gerade in den ersten Wochen zu festen Zeiten zum Lösen nach draußen. Drei Spaziergänge reichen aber meist nicht aus, denn Ihr Podenco ist es noch nicht gewöhnt, lange einzuhalten, hatte er doch vorher meist die Gelegenheit, bei Bedarf einen geeigneten Platz aufzusuchen. Gehen Sie deswegen anfangs mindestens fünfmal täglich mit ihm raus und reduzieren Sie auf drei- bis viermal, wenn Sie den Eindruck haben, dass dies für Ihren neuen Hausgenossen ausreicht. Ein zusätzliches kurzes Urinieren vor dem Schlafengehen sollte man aber auch später ermöglichen. Stellen Sie sein Körbchen wenigstens in den ersten Nächten in Ihr Schlafzimmer und schließen Sie die Zimmertür. So werden Sie aufwachen, sobald der Podenco unruhig umherläuft. Kann sich der Hund frei in der Wohnung bewegen, werden Sie nämlich wahrscheinlich überhören, wenn er sich an einer abgelegen Stelle einen Platz für das dringende Geschäft sucht.

Schlaf- und Ruheplätze werden nur in Notfällen, zum Beispiel bei Durchfall, verschmutzt. Bei Welpen funktioniert es mit der Stubenreinheit am besten nach der klassischen Methode, das heißt, der Kleine muss nach draußen, wenn er wach wird, gefressen, gespielt oder etwas Aufregendes erlebt hat, und zusätzlich, wenn er sich mit der Nase am Boden schnüffelnd im Kreis bewegt. Egal ob groß oder klein: Es wird weder geschimpft oder gar geschlagen, wenn Sie ein Souvenir in der Wohnung finden. Ertappen Sie den Übeltäter in Flagranti, ist ein strenges „Nein“ fällig, er wird nach draußen bugsiert und hat dort Gelegenheit, sein Geschäft zu vollenden. Dafür wird er dann gelobt. Überhaupt ist immer ein dickes Lob fällig, wenn der Hund sich draußen löst.

Geräusche

Die Reaktion auf verschiedene, für uns alltägliche Geräusche ist davon abhängig, in welchem Umfeld ein Hund heranwächst. Beobachten Sie unauffällig, wie sich Ihr Podenco verhält, wenn Haushaltsgeräte wie Föhn oder Staubsauger laufen, das Fernsehgerät eingeschaltet ist oder die Türklingel ertönt. An diese Geräuschkulisse gewöhnt sich ein Hund meist sehr schnell. Extremere Reaktionen können eventuell bei laut vorbeifahrenden Lastwagen, an Silvester oder Fasching auftreten. Es gibt aber auch immer wieder Hunde, die davon völlig unbeeindruckt sind.

Glatter Bodenbelag

Laminat ist für Hunde ein sehr unangenehmer Untergrund. Gerade die Podencos mit ihrer Pfoten- und Krallenform (Hasenpfoten) haben oft Probleme, dort Halt zu finden. Echtholzböden sind für sie wesentlich angenehmer. Auch Fliesen sind unproblematisch, können aber bei starkem Glanz und Spiegelungen zu Irritationen führen.

Treppen

Die meisten importierten Südhunde kennen keine Treppen. Nehmen Sie Ihren Podenco an die Leine und gehen mit ihm gemeinsam die Stufen hinauf und hinunter. Trösten Sie ihn nicht, sondern

Die erste offene Treppe ist eine Herausforderung: Von alleine würde sie der Hund nicht gehen, aber mit sicherer Begleitung verliert er seine Angst. (Foto: H. Schmidt-Röger)

motivieren Sie ihn fröhlich für dieses Abenteuer. Auf keinen Fall darf ein Hund geschimpft werden, weil er sich nicht traut, Treppen zu laufen! Getragen werden sollte er auch nicht, denn dann dauert es viel länger, ihn daran zu gewöhnen.

Zum Thema Treppen fällt mir da noch ein … Auch meine Podenco-Hündin konnte sich nicht überwinden, mit in den Keller zu kommen. Und dass die Kellertreppe nicht sehr gut beleuchtet ist, machte die Sache noch schwieriger. Als sie dann aber bemerkte, dass alle Futtervorräte und auch die Leckereien in einem Kellerraum aufbewahrt werden, hat sie ganz schnell gelernt, wie einfach Treppenlaufen ist. Schließlich müssen die Vorräte regelmäßig auf Vollständigkeit geprüft werden!

Aufzug

Darin mitzufahren ist meistens weniger schlimm für Hunde, als man allgemein annimmt. Lassen Sie Ihren Podenco hier grundsätzlich angeleint und geben ganz souverän das Kommando „Sitz“, sofern er es schon beherrscht. Nach einigen Fahrten ist das überhaupt kein Problem mehr.

Allein bleiben

Allein zu Hause bleiben zu müssen ist für viele Hunde schwierig. Das Hauptproblem besteht darin, dass sie lernen müssen, den Frust zu ertragen, dass das Rudel ohne sie auf Tour gegangen ist. Durch eine klare familiäre Struktur und eine konsequente Grundausbildung lässt sich hier vieles regulieren.

Üben Sie vom ersten Tag an das Allein-zu-Hause-Sein. Schließen Sie einfach eine Zimmertür hinter sich und machen diese nach etwa fünf Minuten wieder auf – ohne Verabschieden, Begrüßen, Loben oder Bemitleiden, sondern ganz kommentarlos. Wiederholen Sie das, wenn immer sich die Gelegenheit ergibt, auch wenn Sie in den Garten, in die Waschküche, zum Briefkasten oder Auto gehen. Steigern Sie die Abwesenheitszeiten langsam.

Es gibt aber auch Hunde, die unter stark ausgeprägter Trennungsangst leiden. Die können Sie nur mit einer individuellen Verhaltenstherapie gemeinsam mit einem Fachmann in den Griff bekommen.

Außer Haus

Leinenführigkeit

Halsband und Leine sind die Podencos oft schon gewohnt, einen Spaziergang an der Leine kennen Sie meist noch nicht. Schon nach ein paar Tagen haben sich die meisten Hunde daran gewöhnt und laufen interessiert mit. Solange sie nicht an einer Ausbildung (Grundgehorsam) teilgenommen haben, ist von Freilauf absolut abzuraten. Besorgen Sie sich gleich zu Beginn eine 10 Meter lange Schleppleine aus dem Fachhandel für die ausgiebigen Märsche durch Feld und Flur.

Autofahren

Im Auto mitzufahren ist in der Regel nicht ganz neu für den Podenco. Viele Jäger transportieren ihre Hunde mit dem Auto in die Jagdregionen und auch beim Tierschutz fährt man zum Beispiel zum Tierarzt. Fahren Sie anfangs täglich kurze Strecken. Da wir hierzulande unsere Hunde häufig mit dem Auto transportieren, wird sich Ihr Vierbeiner innerhalb kürzester Zeit daran gewöhnen. Nur wenige Hunde haben ernste Probleme damit.

Stadtbesuch

Nehmen Sie Ihren Podenco zu einem Spaziergang durch den Ort oder die Fußgängerzone mit. Schauen Sie sich seine Reaktionen auf Autos, Passanten, Radfahrer und die verschiedenen Geräusche an. Setzen Sie sich eine Viertelstunde auf eine Bank und geben Sie dem Hund ausreichend Gelegenheit, sich das Trei-

In einer Box ist der Podenco im Auto am sichersten untergebracht, bei zwei Hunden sollte ein stabiles Sperrgitter im Wagen montiert werden. (Foto: H. Schmidt-Röger)

ben um ihn herum anzuschauen. Wiederholen Sie die Ausflüge, damit er sich an diese Eindrücke gewöhnen kann. Klar, dass Sie vorher kurz in der Natur waren, damit sich der Hund nicht in der Stadt löst. Kottüten oder einfache Gefrierbeutel und Taschentücher sollten Sie trotzdem immer bei sich haben.

Restaurantbesuch

Natürlich werden Sie Ihren Hund in ein Restaurant oder im Sommer ins Eiscafé mitnehmen. Suchen Sie sich einen ruhigen Sitzplatz (zum Beispiel nicht in der Nähe der Küche oder der Toiletten) aus und legen den Hund ab, sofern er das schon beherrscht. Sie sollten auch eine Decke mitnehmen – kalte, geflieste Böden laden nicht unbedingt zu einem entspannten Nickerchen ein. Im Übrigen liegen Hunde gerne so, dass zumindest eine Seite durch eine Wand begrenzt ist und sie den Raum überblicken können.

Hundebegegnungen

Da der Podenco sowohl bei Jägern als auch bei den Tierschutzorganisationen (fast) immer in größeren Gruppen gehalten wird, ist die Rasse zu Artgenossen sehr sozial. Auch Züchter betonen, dass dieses soziale Verhalten zu den grundsätzlichen Charaktereigenschaften des Podenco gehört. An einer langen Schleppleine oder im Freilauf ist das schön zu beobachten. Ausnahmen bestätigen aber auch hier die Regel!

Das erste halbe Jahr

Das Verhalten eines Hundes in einem neuen Umfeld ist anfangs sehr reduziert. Er checkt die Lage, wartet ab und gibt in kleinen Schritten immer mehr von seiner Persönlichkeit preis, bis er sich schließlich bei Ihnen so angekommen fühlt, dass er alle Facetten seines Charakters offenbart.

Stellen Sie sich die ersten Monate des gemeinsamen Lebens mit Ihrem Podenco wie eine Theatervorstellung vor. Genau mit dieser spannungsvollen Erwartung können Sie die Entwicklung Ihres neuen Gefährten beobachten. Erst lüftet sich der Vorhang ein kleines Stück und Sie sehen die Akteure, ohne zu wissen, wor-

Ein Podenco lernt gerne, wenn er versteht, was von ihm erwartet wird – und eine Belohnung winkt. (Fotos: H.Schmidt-Röger)

auf das Schauspiel hinausläuft. Nach dem Ende des ersten Aktes sind Sie schon besser im Bilde und Tendenzen kristallisieren sich heraus. Doch beim zweiten Akt nimmt das Stück eine unerwartete Wendung, die Sie vor ein Rätsel stellt. Alles, was Sie bisher zu wissen glaubten, wird infrage gestellt. Dann fällt wieder der Vorhang und Sie haben das Gefühl, mit Ihrem Wissen am Anfang zu stehen. Im dritten Akt entwirrt sich der Handlungsknoten und die Lösung stellt sich als ganz einfach und simpel dar.

Genau diese Achterbahn der Empfindungen machen Sie gemeinsam mit Ihrem Hund durch, bis er sich so eingewöhnt hat, dass er seine Persönlichkeit ausleben kann. Aus einem scheuen Reh wird vielleicht eine anspruchsvolle Diva, aus einem ängstlichen Kerl ein kecker Draufgänger. Bei vielen Hunden kann diese Entwicklung ein halbes Jahr dauern. Begleiten Sie den Prozess aufmerksam, um unerwünschtes Verhalten frühzeitig in die richtigen Bahnen lenken zu können.

Erziehung und Beschäftigung

Lassen Sie sich nicht abschrecken, wenn Ihnen selbst ernannte Experten eindringlich weismachen wollen, dass Podencos nicht zu erziehen wären. Im Gegenteil, der Podenco ist eine gelehrige Hunderasse. Allerdings ist etwas mehr Geduld und Phantasie notwendig als bei den Rassen, die für ihre Intelligenz bekannt sind. Das kann anstrengend sein und deswegen machen es sich viele „Experten" einfach, wenn Sie den Mythos des unerziehbaren – weil stolzen und unabhängigen – Podenco verbreiten.

Wir wollen ausdrücklich betonen, dass Erziehung nichts mit Kadavergehorsam zu tun hat. Hier geht es darum, Ihrem Gefährten all das beizubringen, was er braucht, um gemeinsam mit Ihnen möglichst viele Freiheiten genießen zu können. Wir werden auch nicht erläutern, wie man einem Podenco Sitz und Platz beibringt, sondern uns auf Basisarbeit in verschiedenen Bereichen beschränken. Ein allgemein gültiges, für jeden Hund anwendbares Rezept gibt es grundsätzlich nicht!

Und noch einmal, weil es so wichtig ist: Vermeiden Sie jeden Mitleidsbonus für den ach so armen Tierheimhund mit der ganz schlimmen Kindheit! Vom ersten bis zum letzten Tag gelten Ihre Regeln. Das heißt nicht, dass Sie brüllen oder gar grob oder brutal sein sollen – das hat mit Hundeerziehung rein gar nichts zu tun! Vielmehr müssen Sie bestimmt und konsequent in Ihren Ansagen, natürlich und liebevoll, ohne Gewalt und nicht bedauernd auftreten. Seien Sie einfach souverän, seien Sie selbst und verstellen Sie sich nicht.

Das Geheimnis des Erfolgs

Den größten Anteil an einem harmonischen und stressfreien Miteinander von Menschen und Hunden hat die Ordnung innerhalb des Sozialverbands. Hunde brauchen klare Strukturen. Genau wie Menschen können sich auch Hunde nur innerhalb von Grenzen wirklich frei bewegen. Viele Menschen hegen immer die Befürchtung, wie schlimm es für den Hund sei, nicht an erster Stelle zu stehen. Das können Sie getrost ad acta legen. Im Gegenteil – eine ungeklärte Stellung des Hundes innerhalb der familiären Gruppe ist viel schlimmer, führt zu Missverständnissen und dadurch zu Konflikten. Wenn Ihr Gefährte seinen Standort genau kennt, weiß er auch, wie er sich verhalten muss, um gut und locker durch den Alltag zu kommen. Ranghohe Menschen (und auch Hunde) sind souverän, ruhig und niemals ständig laut und/oder aggressiv. Die unter Menschen nicht gerade beliebten Charaktereigenschaften wie Arroganz und Ignoranz sind dafür ebenso typisch.

Benehmen Sie sich von Anfang an wie ein moderner Manager, demonstrieren Sie Ihr Selbstbewusstsein, vor allem natürlich in Ihrer Körpersprache und Ihren Worten. Vergessen Sie Ihr Bauchgefühl nicht und vertrauen Sie Ihren Instinkten. Sie müssen auch nicht jede Nuance, Geste und jeden Blick Ihres Gefährten analysieren und bewerten. Die wenigsten Podencos sind aggressiv oder zeigen extremes Dominanzverhalten. Trotzdem werden auch Sie sicherlich ab und zu bezüglich Ihrer Konsequenz und Ausdauer getestet.

Der zweite wirklich wichtige Punkt ist die Bindung zwischen Ihnen und Ihrem spanischen Freund. Ihr Podenco muss Ihnen vertrauen, sich auf Sie verlassen können. Sie sollten Sicherheit vermitteln, jemand sein, zu dem man mit all seinen Problemen gehen und diese dort abgeben kann. In bedrohlichen Situationen sind Sie die Orientierungshilfe – der Fels in der Brandung.

Der dritte Teilbereich ist die Grundausbildung, die eigentliche Basisarbeit. Hunde sind

Gemeinsames Arbeiten mit Lob und Freude macht Hund und Mensch Spaß. (Foto: H. Schmidt-Röger)

nach dem Besuch einer Hundeschule im Alltag unproblematischer im Umgang. Beide Seiten, Sie und Ihr Podenco, wissen dann, was der andere erwartet. Keiner möchte einen Zirkushund haben, aber gerade das gemeinsame Erarbeiten der Grundkommandos fördert die Bindung. Außerdem fordern Sie Ihren Hund, Kopfarbeit lastet gut aus und sorgt für Abwechslung. Vielleicht finden Sie Gefallen daran und machen im Anschluss mit anderen hundesportlichen Aktivitäten weiter.

Es ist jedoch mitunter schwierig, einen Podenco zur Mitarbeit zu motivieren. Hat er Interesse an Futter und Leckereien, wird Ihnen vieles leichter gelingen. Aber auch mit Ihrer Stimme können Sie eine Menge erreichen. Üben Sie in verschiedenen Tonhöhen und achten dabei auf die Reaktionen Ihres Hundes.

Überlegen Sie von Anfang an ein Wort für Verhaltensweisen, die tabu sind. Am gebräuchlichsten sind „Nein“„Aus“, „Pfui“ und „Lass das“. Stimmen Sie dieses Wort mit den Personen ab, die mit im Haushalt leben oder auch als Hunde-Sitter fungieren. Solche Absprachen sind äußerst wichtig und effektiv. Genauso müssen Sie sich schon vorher im Klaren sein, in welchen Grenzen der Hund sich im Haus bewegen darf. Ist es ihm zum Beispiel gestattet, alle Räume zu betreten, darf er sich auf das Sofa legen oder gar ins Bett? Die Entscheidung, was erlaubt ist und was nicht, liegt ganz alleine bei Ihnen. Gegenüber Ihrem Podenco müssen Sie nichts begründen, und schon gar nicht in ganzen Sätzen. Eindeutige, klare Befehle, so konkret wie möglich und nicht untergehend in einem Redeschwall – das ist es, was Hunde verstehen.

Übrigens: Hundeausbildung ist auch immer Menschenausbildung. Sie müssen lernen, Ihre Handlungen zu kontrollieren, Gesten und Stimme gezielt einzusetzen und sich nicht von persönlichen Gefühlen, zum Beispiel Ärger oder Ungeduld, übermannen zu lassen. Dabei werden Sie eine Menge über Hunde lernen und auch über sich selbst.

Grundsätzlich sollen mit Ihrem Podenco nicht trainieren, wenn Sie schlecht gelaunt sind, sich krank fühlen oder unter Zeitdruck stehen, denn dann können Sie Ihre Emotionen nicht so leicht kontrollieren und die negative Spannung überträgt sich auf den Vierbeiner. Legen Sie auch lieber mehrere Trainingseinheiten ein statt einer langen, sowohl Ihre als auch die Konzentration des Hundes hat Grenzen. Training muss beiden Seiten Spaß machen, dann wird es auch nicht als lästige Pflicht angesehen, sondern die nächste Übungsstunde ist ein echtes Highlight.

Alte Methoden infrage stellen

Einen Podenco mit Kasernenhofgebrüll, dem Einsatz von Zwangmitteln wie Stachel- oder Würgehalsbändern oder Gewalt auszubilden führt zu gar nichts. Ihr Hund wird jede Mitarbeit verweigern, sein Vertrauen zu Ihnen verlieren oder sogar panisch und ängstlich reagieren. Diese althergebrachte Ausbildungsmethodik ist für keinen Hund mehr zeitgemäß.

Eine Erfolg versprechende Ausbildung sollte viele Möglichkeiten anbieten, denn jeder Hund ist eine eigene Persönlichkeit, auf die individuell eingegangen werden muss. Dazu zählen zum Beispiel positive Verstärkung mit Leckerchen, Spielzeug, Clicker-Training, Einbeziehen der Stimme und der Körpersprache. Womit Sie Ihren Hund für das Training begeistern können, müssen Sie selbst herausfinden. Nur mit Lob und Enthusiasmus werden Sie aber nicht in jeder Situation Erfolge erziehen, denn Podencos können unglaublich stur sein. Dann müssen Sie mithilfe der Stimme und Körpersprache auf die Ausführung Ihrer Kommandos bestehen und Grenzen setzen. Zusätzliche Hilfsmittel wie die Schleppleine, ein Kopfhalfter oder Disc-Scheiben können Sie dabei unterstützen.

Informieren Sie sich für Ihren Gefährten, lesen Sie Fachbücher und lernen Sie verschiedene Erziehungsmethoden kennen. Nur so können Sie sich ein Bild davon machen und entscheiden, welche Methode oder Kombination

Target und Clicker sind für manche Hunde der ideale Ausbildungsweg. (Foto: S. Blank)

verschiedener Erziehungselemente für Sie und Ihren Hund die richtige ist. Um dies zu realisieren, sollten Sie die Hilfe eines kompetenten Hundetrainers in Anspruch nehmen, denn zwischen Theorie und Praxis liegen häufig Welten – und mit einer neutralen Person als Ratgeber und Feedback-Geber sind Sie auf der sicheren Seite.

Auf der Suche nach einem guten Hundetrainer

Jeder Mensch und jeder Hund ist ein Individuum mit einem ganz eigenen Charakter und Lebensgeschichte. Investieren Sie Zeit und Geld zugunsten Ihres Traumhundes – es wird sich lohnen.

Bevor ein Podenco frei laufen darf, muss er sicher kommen, wenn er gerufen oder herangepfiffen wird. (Fotos: H. Schmidt-Röger)

Die meisten Hundehalter sind erstaunt, wie viel Spaß die Ausbildung des eigenen Hundes macht. Man kommt ins Gespräch, knüpft Kontakte, findet tolle Freunde für ausgiebige Spaziergänge und Podencos fühlen sich in Hundemeuten ja sowieso pudelwohl. Im Training und nebenbei werden Sie viele nützliche Tipps und noch ein paar nette Hinweise bekommen.

Wie findet man einen kompetenten Trainer? Neben der fachlichen Kompetenz ist es ganz wichtig, dass man sich sympathisch ist und Sie die vom Trainer geäußerte Kritik annehmen können. Das ganze Können des Ausbilders bringt Ihnen nichts, wenn Sie menschlich mit ihm nicht auf einer Wellenlänge liegen und seine Ansichten und Erziehungsmethoden nicht

vertreten können. Ihr Hund sollte auch nicht als Kanonenfutter herhalten müssen, an dem verschiedene Ansätze aufs Geratewohl getestet werden.

Es gibt keine staatlich anerkannte Ausbildung zum Hundetrainer. Umso wichtiger ist es, dass Sie sich ein genaues Bild über die Qualifikation des Trainers machen und nachfragen. Wo hat er seine Ausbildung gemacht – theoretisch und praktisch? Theoretisch gibt es zum Beispiel ein Fernstudium verschiedener Institutionen zum Tierpsychologen. Ganz wichtig ist natürlich der praktische Teil in Form von Hospitationen, Praktika, Seminaren und Workshops. Lassen Sie sich Referenzen, Teilnahmebescheinigungen und Nachweise zeigen.

Der Mäuselsprung – typisch für Podencos bei der Jagd auf kleine Beute.
(Foto: V. Heitz)

Nicht alle Hundetrainer haben Erfahrungen mit der Ausbildung von Podencos. Das werden Sie ganz schnell feststellen. Fragen Sie nach, ob er bereits Podencos ausgebildet, welche Erfahrungen er dabei gemacht und welche Methoden er angewandt hat. Wichtig ist auch zu erfahren, ob sich die Ausbildung lediglich auf dem Hundeplatz oder auch außerhalb abspielte. Schließlich soll Ihr Podenco mit vielen Alltagssituationen in der Stadt, mit Tieren und so weiter vertraut gemacht werden, die Sie später immer wieder gemeinsam erleben. Lässt der Trainer Sätze fallen wie „Die kann man nicht erziehen!", „Diesen Hund werden Sie sowieso niemals frei laufen lassen können!" oder „Wir müssen zuerst den Jagdtrieb ausmerzen!", sind das eindeutige Alarmsignale – hier sollten Sie Ihren vierbeinigen Freund keine Minute länger lassen!

Schauen Sie bei einer Ausbildungsstunde zu oder erkundigen Sie sich nach einer Probestunde. Rechnen Sie damit, dass diese kostenpflichtig ist. Vertrauen Sie auf Ihr Bauchgefühl – fühlen Sie sich wohl? Oder kommen Sie sich vor wie ein Befehlsempfänger und trauen sich gar nicht, eine Frage zu stellen? Wie geht der Trainer auf den Hund zu und wie reagiert der Vierbeiner auf ihn? Der Ausbilder sollte Ihnen das Gefühl vermitteln, dass Sie und Ihr Gefährte ihm wirklich am Herz liegen. Ein guter Indikator dafür ist Ihr Hund: Wenn er sich auf das Training freut, ist das ein wichtiger Pluspunkt.

Individuelle Trainingsmethoden, angepasst an die speziellen Eigenschaften der verschiedenen Hunderassen und an den Menschen am anderen Ende der Leine, sind unbedingt notwendig. Was bringen Ihnen die tollsten Techniken, die Sie aufgrund Ihrer eigenen Persönlichkeit überhaupt nicht umsetzen können? Deswegen darf der Hundetrainer auch nicht für Sie die Ausbildung übernehmen, sondern muss Sie Schritt für Schritt in die Lage versetzen, dies selbst zu realisieren. Er muss Ihnen sagen, wie er sich die Ausbildung vorstellt und welche Erziehungselemente er dafür einsetzen möchte. Ändert er zwischendurch seine Meinung, weil eine Methode nicht funktioniert, ist das in Ordnung und ein Zeichen dafür, dass er sich auf die jeweilige Situation einstellt. Sie dürfen Ihrerseits keine Wunder vom Trainer erwarten und müssen sich immer bewusst machen, dass die Ausbildung eines Hundes ein lebenslanger Prozess ist.

Podencos können sich als Mäusejäger mit Füchsen messen. (Foto: S. Blank)

Jagdliche Motivation

Wir können es gar nicht oft genug betonen: Ein Podenco ist ein passionierter, selbstständiger Jagdhund. Seine jagdliche Motivation – seine Leidenschaft – ist extrem.

Nicht allein das Packen der Beute löst das Glücksgefühl des Podenco aus, sondern schon das Aufspüren und Verfolgen. Hinter dem Kaninchen her zu hetzen setzt im Körper des Hundes unter anderem das Hormon Adrenalin frei. Die Jäger sind dabei wie in einem Rausch, im Kopf läuft ein „Programm" ab – ganz automatisch und perfekt – der Hund belohnt sich quasi selbst.

Trotz allem, versuchen Sie auf jeden Fall, Ihrem edlen Spanier durch die entsprechende Ausbildung Freilauf zu gewähren. Gerade ein Laufhund sollte doch die Möglichkeit haben, seine Bewegungsfreude ohne Leine zu befriedigen.

Die Jagd besteht aus einer Sequenz von Bewegungsmustern, die, einmal in Gang gesetzt, automatisch ablaufen. Coppinger (siehe Anhang) beschreibt die einzelnen Bewegungsmuster für einen Fleischfresser im Allgemeinen wie folgt: „Orten – Fixieren – Anpirschen – Hetzen – Packen – Töten – Zerreißen – Fressen". Diese Sequenz trifft zum Beispiel auf Podencos zu, die ein Kaninchen oder Reh jagen. Da viele Podenco Ibicencos die weiche Schnauze haben, das heißt, die Beute lebend zum Hundeführer bringen, entfällt in den meisten Fällen das Töten, Zerreißen und Fressen der Beute und wird ersetzt durch eine Belohnung des Hundeführers. Da Hunde verschiedener Rassen oder je nach Beute unterschiedliche Jagdstile haben, können einzelne Teile dieser Sequenz fehlen oder durch andere ersetzt werden. Für einen Mäusejäger würde die Sequenz nach Coppinger aus „Orten – Fixieren – Anpirschen – Vorderpfotenschlag (Anm.: das ist der Mäuselsprung) – Packen – Töten – Zerreißen – Fressen" bestehen.

Nicht zu kurieren, nur zu kontrollieren

Man kann keinem Podenco die jagdliche Motivation austreiben! Man kann aber versuchen, den Ablauf der Sequenz zu stören. Bei einem Podenco, der seine Beute bereits fixiert, sie anpirscht oder sogar schon hetzt, scheint im Gehirn ein Schalter umgelegt zu sein – es hat klick gemacht. Durch Rufe können Sie nun kaum noch zu ihm durchdringen, denn er spult jetzt stur sein Programm ab, hat Scheuklappen auf.

Die Kunst, den Hund abzulenken, besteht darin, ihn so gut zu kennen, dass Sie schon beim Orten der potentiellen Beute – also gleich beim ersten Anzeichen, dass etwas sein Interesse geweckt hat – eingreifen können. Das ist die letzte Gelegenheit, den Reiz, den die Beute auslöst, und die darauf folgenden Bewegungsmuster zu unterbrechen (Reizunterbrechung). Wenn der Hund aber bereits fixiert, ist es zu spät!

In der Praxis sieht das so aus: Sie erkennen am Verhalten Ihres Podenco, dass er zum Beispiel ein Kaninchen entdeckt hat. Nun müssen

Sie seine Aufmerksamkeit auf sich lenken. Einen Hund mit sehr gutem Grundgehorsam können Sie nun noch zu sich rufen, absitzen oder ablegen lassen oder anleinen. Ideal ist in solchen Fällen der Einsatz einer Büffelhornpfeife. Deren Pfiff gibt ein eindeutiges, emotionsloses Signal und der Hund spürt nicht, dass Sie nun vielleicht besonders aufgeregt sind, denn Nervosität überträgt sich auch mit der Stimme.

Ganz wichtig ist das korrekte Verknüpfen des Kommandos mit einer Handlung. Der Hund muss wissen, was Sie von ihm erwarten, und auch einen Grund haben, diesen Erwartungen zu folgen. Wenn er zum Beispiel auf das Kommando „Hier“ richtig reagiert, gibt es sofort ein Leckerchen oder spannendes Spiel. Und sparen Sie nicht mit Lob, wenn er ein Kommando wie gewünscht befolgt.

Mit einer Schleppleine und der Unterstützung eines Hundetrainers können Sie so lange den Rückruf üben, bis Siesicher sind, Ihren Podenco zuverlässig zu kontrollieren. Die Schleppleine ist eine dünne, leichte 10 Meter lange Arbeitsleine. Sie schleift während der Spaziergänge und Trainingseinheiten hinter dem Hund auf dem Boden und bietet Ihnen eine Art Rettungsanker. Sie können darauf treten, wenn der Hund trotz des Rufens weiterläuft, oder ihn zu sich heranziehen, wenn er dem Kommando „Hier“ nicht folgt. So können Sie immer Einfluss auf den Hund ausüben, obwohl er sich in einem relativ großen Radius frei bewegen darf.

Stellen Sie sich darauf ein, dass das Vorbereitungstraining für den Freilauf mehrere Wochen oder gar Monate dauert. Und machen Sie sich eins bewusst: Es wird nicht bei allen Podencos erfolgreich sein, einige dürfen ihr Leben lang nicht von der Leine! Sollte das auch bei Ihrem Gefährten der Fall sein, kann ihm die Schleppleine Freiraum beim Spaziergang bieten, zusätzlich müssen Sie ihm im hoch eingezäunten Garten oder einem Freilaufgelände die Möglichkeit geben, sich ohne Leine und gemeinsam mit Artgenossen auszutoben.

Wenn Sie es geschafft haben und Ihren Hund frei laufen lassen können, dürfen Sie nicht träumend durch die Landschaft spazieren. Achten Sie auf Ihren Begleiter, beobachten Sie sein Ausdrucksverhalten – lernen Sie Ihren Podenco lesen. Sie werden sehr schnell bemerken, wann Sie ihn ablenken oder anleinen müssen. „Scannen“ Sie die Umgebung (ähnlich wie Ihr Hund), um aufspringendes Wild möglichst vor ihm zu entdecken. Wenn Sie mit einer Gruppe unterwegs sind, ist die Gefahr besonders groß, dass Sie sich ablenken lassen, und eine Hundemeute in Aktion ist nur schwer zu bremsen – hier ist besondere Vorsicht geboten.

Auch einen gut ausgebildeten und kontrollierbaren Podenco sollten Sie nicht immer und überall von der Leine lassen, zum Beispiel im Wald, in wildreichen und unbekannten Gebieten – fordern Sie Ihr Glück nicht heraus. Und wenn Sie zwei oder mehr Podencos haben, die einzeln zuverlässig gehorchen, kann das im gemeinsamen Freilauf ganz anders aussehen. Es kann Ihnen passieren, dass Sie jeden Hund nur separat ableinen können.

Die 10 Meter lange Schleppleine hält den Hund vielleicht nicht davon ab durchzustarten, aber durch Drauftreten kann er noch abgebremst werden. (Foto: H. Schmidt-Röger)

Tabu muss alles sein, was mit Hetzen zu tun hat! Aber viele Podenco-Halter erlauben ihren Hunden, beim Spaziergang gelegentlich ein Mäuschen zu fangen. Auch eine jagdliche Ausbildung, zum Beispiel im Bereich Apportieren oder Fährtensuche, kann sehr nützlich sein und macht dem Podenco meist viel Spaß.

Heranführen an neue Situationen

Es gibt viele Situationen, die für einen Podenco ganz neu sind. Reagieren Sie auf Unsicherheit beziehungsweise Angst unbedingt neutral. Ihr Hund wird sich an Ihnen orientieren. Wenn Sie selbst angespannt sind, ist das für ihn ein Zeichen, dass wirklich etwas ganz Schlimmes passiert ist und er sich aufregen und ängstigen muss. Oft ist auch hilfreich, den Hund durch ein Spiel oder einfache Grundübungen von der neuen Situation abzulenken. Dann läuft diese einfach nebenher, während der Hund etwas Positives erlebt.

Beispiel: Die Geräuschkulisse des Fernsehers ist für viele Podencos etwas ganz Neues. Schalten Sie ihn an und stellen die übliche Lautstärke des Gerätes ein. Sie bemerken am Verhalten Ihres Hundes, dass er die Töne aus dem Kasten überhaupt nicht einschätzen kann. So etwas hat er offensichtlich noch nicht erlebt. Da ein laufender Fernseher zu unserem Alltag gehört, schenken Sie der ganzen Situation keinerlei Beachtung. Lassen Sie den Fernseher einfach die nächsten zwei Stunden laufen. Nebenbei räumen Sie ganz selbstverständlich die Spülmaschine aus, hängen Wäsche auf, lesen eine Zeitung, telefonieren und so weiter. Ihr Hund wird Sie genau beobachten und schließlich feststellen: Alles ist ganz normal, außer mir findet das niemand komisch – also kann auch ich mich ganz entspannt zu einem Schläfchen zusammenrollen.

Manche Podencos genießen es, im Sommer zu schwimmen. (Foto: S. Blank)

Unbewusstes Verstärken von Unsicherheit und Angst

Angst ist grundsätzlich eine gesunde Reaktion des Körpers, um sich vor gefährlichen oder nicht kalkulierbaren Folgen zu schützen. Wenn ein Kind Angst hat, reden wir beruhigend auf es ein, trösten es und erklären ihm, dass die Situation nicht bedrohlich ist beziehungsweise wir es beschützen werden.

Wenn Hunde Angst haben, verfallen wir leider auch immer wieder in dieses Schema. Doch ein Hund kann unsere tröstenden Worte nicht verstehen. Freundliche Worte sind für ihn wie Lob, und Lob zeigt ihm, dass er richtig handelt, und bestärkt ihn. Die Folge ist, dass er sich nicht beruhigt, sondern noch mehr zittert und jammert und das nächste Mal, wenn die für ihn bedrohliche Situation auftritt, noch mehr Angst und Unsicherheit zeigt. Noch schlimmer ist es, wenn Hun-

Einige Podencos werden zu richtigen Frisbee-Freaks. (Foto: V. Heitz)

de für ihr ängstliches Verhalten geschimpft werden, dann gerät die Welt für sie komplett aus den Fugen.

Es fällt vielen Hundehaltern sehr schwer, ihr zitterndes Häufchen Elend, das sich vor dem Staubsauger, dem Rasenmäher oder einem lauten Lastwagen versteckt, nicht auf den Schoß oder in die Arme zu nehmen, zu streicheln und zu trösten. Doch das wäre der größte Fehler, den Sie machen können. Bleiben Sie stattdessen einfach souverän und demonstrieren Sie, dass es sich um eine vollkommen harmlose Situation handelt und Angst und Unsicherheit völlig überflüssig sind. Ihnen als Chef obliegt es, ein starker Verbündeter zu sein, der vor allen Gefahren schützt.

Ihr Hund orientiert sich an Ihnen und bewertet Situationen nach Ihrem Verhalten. Wenn Sie nüchtern und gelassen reagieren, vielleicht sogar noch ein bisschen rumalbern, verliert der Moment bald die Bedrohlichkeit – zumindest wird die Angst nicht bestätigt.

Oft sitzt die Angst aber so tief, dass Ihr Hund sie trotz Ihres vorbildlichen Verhaltens nicht verliert. Dann sollten Sie sich gemeinsam mit einem Hundetrainer eine Strategie überlegen, wie Sie ihm helfen können. Manchmal wird eine erfolgreiche und für die Lebensqualität des Hundes wichtige Verhaltenstherapie erst durch den begleitenden Einsatz von homöopathischen oder pflanzlichen Medikamenten oder Psychopharmaka möglich – in diesem Fall ist unbedingt ein spezialisierter Tierarzt mit ins Team zu holen.

Raus aus dem Alltagstrott

Fördern und fordern Sie Ihren Podenco – nicht nur körperlich, sondern auch geistig mit einer Beschäftigung, die seinem Charakter entspricht. Lockern Sie den Tagesablauf durch allerlei Aktivitäten auf, je nachdem, was zu Ihnen und Ihrem Vierbeiner passt. Vielleicht haben Sie beide auch Spaß an einer Teamsportart – es gibt wirklich für jeden Typ die richtige. Probieren Sie einfach aus, was Ihnen gefällt. Klären Sie aber zuvor mit dem Tierarzt, ob Herz, Kreislauf und Gelenke Ihres Hundes den Belastungen der ins Auge gefassten Beschäftigung standhalten können. Freizeitaktivitäten müssen beiden Seiten Spaß machen, allerdings muss auch immer Kompetenz mit im Spiel sein – im wahrsten Sinne des Wortes. Einige Möglichkeiten stellen wir Ihnen kurz vor.

Spannende Spaziergänge

Gehen Sie nicht immer gleiche Routen mit dem Hund, sondern unternehmen Sie regelmäßig Abenteuerspaziergänge. Erkunden Sie neue Wege, lassen Sie Ihren Begleiter über Baumstämme balancieren, unter Bänken durchrobben, über Äste springen – Ihrer Phantasie sind keine Grenzen gesetzt. Verstecken Sie sich und lassen Sie sich suchen oder verstecken Sie Spielzeuge oder Leckerchen.

Verhaltenskodex

Immer wieder kommt es zu Problemen und Auseinandersetzungen zwischen Hundehaltern untereinander sowie zwischen Hundehaltern und Spaziergängern, Skatern, Joggern und Fahrradfahrern. Das leider oft schlechte Image, das Hunde und ihre Menschen in der Gesellschaft haben, wird häufig durch rücksichtsloses Verhalten von Hundehaltern bestärkt.

Bitte nehmen Sie Rücksicht, wenn Sie auf Ihren Spaziergängen anderen Menschen und Hunden begegnen. Rufen Sie Ihren Vierbeiner zu sich heran und lassen Sie ihn absitzen oder leinen ihn an, bis die Passanten, Skater und so weiter an Ihnen vorbei sind. Nicht jeder Mensch toleriert es, dass ein fremder Hund auf ihn zu läuft, andere haben Angst oder vielleicht schon einmal schlechte Erfahrungen mit Hunden gemacht.

Auch das oft geäußerte „Der will nur spielen“ wird die Situation nicht entschärfen, sondern Sie nur als einen Hundehalter outen, der seinen Vierbeiner nicht im Griff hat und es sich damit einfach machen will. Zwingen Sie niemandem die Nähe Ihres Hundes auf. Sie werden sich wundern, wie viele Menschen positiv darauf reagieren.

Verhalten Sie sich genauso, wenn Ihnen andere Hunde begegnen. Wenn Sie Ihren Hund einfach auf den anderen drauflos stürmen lassen, sind Konflikte zwischen den Vierbeinern oder Menschen häufig vorprogrammiert. Bedenken Sie Folgendes: Nicht jeder hat einen mit Artgenossen verträglichen Hund, vielleicht ist der andere Hund an der Leine eine läufige Hündin, leidet zurzeit an einer ansteckenden Erkrankung und so weiter. Verständigen Sie sich mit dem anderen Hundehalter, ob das gemeinsame Spiel der Hunde möglich und gewünscht ist. Wird Ihnen ein O.K. signalisiert, sollten Sie den Hunden den Spaß gönnen. Wenn der andere Hundehalter aber deutlich macht, dass er den Kontakt nicht wünscht, wird er seine Gründe dafür haben und sollte sich nicht dafür rechtfertigen müssen. Akzeptieren Sie seine Entscheidung – bestimmt wird Ihnen bald ein Hund begegnen, der ein prima Spielkamerad für Ihren Gefährten ist.

Hundefreunde

Bieten Sie Ihrem Gefährten regelmäßig die Möglichkeit, sich mit Artgenossen zu treffen und mit ihnen zu toben. Ob beim täglichen Spaziergang oder in der Hundeschule, Kontakte sind schnell geknüpft.

Erziehungsspiele

Bauen Sie einmal täglich, am besten während eines Spaziergangs oder eines Spiels, die Grundkommandos (zum Beispiel Sitz, Platz und Bleib) in die gemeinsamen Aktivitäten ein. Werfen Sie Leckerchen, der Hund muss absitzen und darf diese erst auf Ihr Kommando holen. Sehr gut kann man dieses spielerische Erziehen auch mit mehreren Hunden üben und es schlägt auch zu Hause zwischendurch der Langeweile ein Schnippchen.

Fährtenarbeit

Podencos haben eine ausgezeichnete Nase. Vielleicht bietet sich die Möglichkeit, die Grundlagen der Fährtenarbeit in einem Seminar kennen zu lernen. Ist der Anfang einmal geschafft, kann man sich auch mit guter Literatur weiterbilden. Mit Fleischwurst- oder Käsestückchen lassen sich tolle Fährten legen, am Ende wartet dann eine größere Portion, der Jackpot, auf den Hund. Ihr Hund kann auch Ihre Spur im Gras zurückverfolgen und sich dann eine Belohnung abholen. Wenn er das richtig gut kann, findet er vielleicht sogar einmal einen verlorenen Schlüssel.

Apportieren

Nicht nur viele Jagdhunde apportieren gern. Ausgiebige Literatur finden Sie in der Retriever-Szene, da Labrador und Co. zum Apportieren gezüchtet wurden. Auf den Hundevereinsplätzen gibt es die Möglichkeit, dies zu erleben. Für den Anfang eignen sich besonders

Mit ihrer ausgezeichneten Nase sind Podencos geborene Fährtensucher. (Fotos: S. Blank)

Beute hinterherjagen, packen und bringen – solche Spiele machen einen Jagdhund glücklich. (Fotos: H. Schmidt-Röger)

Leinendummys, die über einen Reißverschluss mit Leckerchen befüllbar sind. Sehr schnell wird dem Hund klar, dass es nur etwas daraus gibt, wenn er den Dummy ordentlich wiederbringt. Apportier- und Dummyarbeiten sind sehr vielseitig und anspruchsvoll.

Joggen

Falls Sie Ihren Podenco im Freilauf nicht gut kontrollieren können, empfiehlt sich natürlich das Joggen an der langen Leine. Hierfür bietet der Fachspezielle Bauchgurte an. Damit haben Sie die Hände frei und den Hund trotzdem an der Leine. Es

versteht sich von selbst, dass man mit kurzen Strecken beginnt und immer wieder Schrittphasen einlegt, damit Hund in aller Ruhe sein Geschäft verrichten und schnuppern kann. Im Hochsommer ist aber allemal ein ausgedehnter Spaziergang in Richtung Sonnenuntergang besser.

Radfahren

Nicht jeder Hund ist begeisterter Fahrradbegleiter. Nach einigen kurzen Übungsfahrten haben sich die meisten aber gut an das Fahrrad gewöhnt. Ob und wie lange Ihr Podenco mit Ihnen am Fahrrad unterwegs sein darf, sollten

Gewöhnen Sie Ihren Podenco langsam an das Fahrrad. (Foto: H. Schmidt-Röger)

Sie zuvor mit dem Tierarzt besprechen. Das ist vom Alter und der körperlichen Konstitution des Hundes abhängig. Welpen und Junghunde (innerhalb des ersten Lebensjahres) bitte nicht am Fahrrad mitlaufen lassen. Wie auch beim Joggen sollte Rücksicht auf das Erledigen der Geschäfte genommen werden – und natürlich auch auf die Temperaturverhältnisse! Einen Hund am Fahrrad laufen zu lassen ist nicht ganz unumstritten. Zu bedenken ist, dass bei regelmäßiger, kontinuierlicher Ausübung dadurch eine nicht zu unterschätzenden Kondition aufgebaut wird. Gerade bei Rassen wie dem Podenco, der leicht zum Hochleistungssportler wird, sollte man vorher darüber nachdenken, ob man auf Dauer diesem antrainierten Drang (zeitlich) gerecht werden kann und will. Außerdem finden viele Hunde stupides Traben am Rad gar nicht toll – intensives Riechen am Wegesrand und nach Mäuschen lauschen ist viel spannender!

Agility

Das ist ein Sport für jeden, der seine Freizeit intensiv mit seinem Podenco nutzen möchte. Im Team durchlaufen Sie mit Ihrem Hund einen Parcours und weisen Ihren Gefährten an, welche Hindernisse er nehmen muss. Agility ist nicht nur für den Hund anstrengend, sondern lässt auch Herrchen oder Frauchen so richtig ins Schwitzen kommen. Die meisten Hunde finden Agility richtig klasse! Schnuppern Sie mal in die Übungsstunden rein und probieren Sie es aus.

Dog Frisbee

Nur fliegen ist schöner! Gerade die bewegungs- und springfreudigen Podencos werden mit entsprechendem Training zu wahren Frisbee-Cracks! Bitte aber nur Scheiben benutzen, die speziell für Hunde vorgesehen sind, sonst können Zahnverletzungen die Folge sein.

Für große Rassen ist die Strecke beim Windhunderennen in der Regel 480 Meter lang. (Foto: B. Zingler)

Dogdance

Mit Ihrem Hund zu Ihrer Lieblingsmusik zu tanzen – das können auch Sie. Was aber bei den Vorführungen so einfach aussieht, ist das Ergebnis von harter Arbeit. Der Hund läuft durch die Beine, dreht sich im Kreis, springt durch die Arme ... und noch viel mehr. Sie müssen ja nicht gerade eine komplette Kür einstudieren, sondern können sich auch einzelne Elemente aus dem Programm picken, die Sie mit Ihrem Tanzpartner einüben. Das Schöne daran: Dogdance ist wetterunabhängig und lässt sich auch prima im Wohnzimmer üben.

Windhundrennen/Coursing

Wenn Sie Interesse an den windhundtypischen Sportarten wie Rennen oder Coursing haben, sollten Sie im Sommer eine der vielen Freiluftveranstaltungen des Deutschen Windhund Zucht- und Rennverbandes besuchen (siehe Anhang). Wichtiger als die Möglichkeit, Pokale zu gewinnen, sollte es Ihnen sein, Ihrem Hund eine Beschäftigung zu bieten, die seiner Veranlagung entspricht. Ihm ist es egal, ob er auf dem Siegertreppchen stehen kann, allein das Training ist schon eine tolle Sache.

Beim Rennen ist ein Maulkorb vorgeschrieben, hier darf der Hund den „Hasen“ schnappen. (Foto: B. Zingler)

Vielleicht gibt es eine Rennbahn in der Nähe Ihres Wohnortes. Schauen Sie sich das Training an und erkundigen Sie sich nach einem Probelauf. Dort erfahren Sie auch, welche Voraussetzungen Sie und Ihr Hund mitbringen müssen. Auch wenn sich vielleicht nicht jeder Podenco dazu eignet – probieren Sie es aus.

Beim klassischen Windhundrennen handelt es sich in Deutschland um reine Amateurveranstaltungen. Auf einer Gras- oder Sandbahn hetzen hinter dem „Hasen“ Gruppen von maximal sechs Hunden in einem Rundkurs her. Hier zählt die beste Zeit. Beim Coursing dagegen geht es kreuz und quer über eine Wiese, immer zwei Hunde nehmen die Verfolgung des künstlichen Hasen auf. Hier zählt nicht die beste Zeit, sondern mehrere Richter bewerten Kriterien wie beispielsweise das Verhalten des Hundes, das Reaktionsvermögen und die Teamarbeit. Coursing ist eine Beschäftigung, die der Veranlagung des Hundes sicher am nächsten kommt.

Ernährung und Gesundheit

Bei keinem Hund gibt es eine lebenslange Gesundheitsgarantie. Und jeder wird im Laufe seines Daseins unter kleineren oder größeren Wehwehchen leiden. Einige davon sind unvermeidbar, weil vielleicht eine Vorerkrankung oder Veranlagung vorliegt oder Haltungs- und Fütterungsfehler diese begünstigen. Anderen können Sie aber vorbeugen, indem Sie Ihren Podenco bewegen und beschäftigen, übermäßigen Stress von ihm fern halten, ihn seinen Bedürfnissen entsprechend füttern, ihn pflegen und regelmäßig Vorsorgeuntersuchungen beim Tierarzt vornehmen lassen. Es liegt also auch in Ihrer Hand, wie gesund Ihr Gefährte ist.

Ein Podenco mit Idealgewicht sieht für den Laien unterernährt aus. (Foto: S. Blank)

Ernährung

Wenn Sie Ihren Podenco vom Tierschutz oder von einem Züchter übernehmen, sollten Sie sich für die ersten Tage etwas gewohntes Futter mit nach Hause geben lassen. Informieren Sie sich genau über die bisherigen Futterzeiten und -mengen. Falls eine Futterumstellung erforderlich ist, sollte sie nach einigen Tagen der Eingewöhnung im neuen Zuhause immer schleichend, also über einen Zeitraum von etwa einer Woche, erfolgen. Dazu wird der Anteil des neuen Futters stetig erhöht und das gewohnte reduziert. Eine zu schnelle Futterumstellung wird oft mit Durchfall quittiert, was den Podenco zusätzlich stresst.

In den ersten Tagen kann es durchaus passieren, dass Ihr Familienzuwachs aufgrund der vielen neuen Eindrücke schlecht frisst. Lassen Sie Ihrem Podenco Zeit, geben Sie feste Futterzeiten vor und werden Sie nicht sofort nervös, wenn es Tage dauert, bis sich der Hunger richtig einstellt. Servieren Sie keinesfalls jeden Tag andere Feinschmeckermenüs, sondern bieten Sie konsequent, bei erwachsenen Hunden zweimal täglich, das Futter Ihrer Wahl an.

Die Ernährung vieler Podencos im Heimatland deckt sich nicht immer mit den Vorstellungen, die wir davon haben. Nicht selten sind es Speisereste und altes Weißbrot, die dort im Napf landen, und dementsprechend sind viele Podencos an eine karge, einfache Kost gewöhnt. Deswegen dürfen Sie nicht plötzlich auf eine energiereiche Ernährung umgestellt werden. Ein echtes Hochleistungsfutter brauchen Podencos nur in Ausnahmefällen.

Grundsätzlich ist ein komplettes, ausgewogenes Hundefutter zu empfehlen. Die wichtigsten Aspekte sind hier die Verträglichkeit und Verdaulichkeit. Trockenfutter ist nicht nur praktischer, wenn man unterwegs ist, sondern wird meist gut verwertet, was sich in einer geringeren Kotmenge als bei Feuchtfuttergabe zeigt. Vermeiden Sie jede unnötige Futterumstellung. Der Kot Ihres Hundes ist der Indikator für die Verträglichkeit des Futters. Häufige Durchfälle, große Kotmengen und übel riechende Blähungen deuten darauf hin, dass eine Nahrung nicht vertragen wird. Nicht jedes Futter passt für jeden Hund!

Süße und allzu fette Leckereien sollen Sie vom Futterplan grundsätzlich streichen. Gute, preiswerte und leichte Alternativen sind ein Teil der täglichen Trockenfutterration, ein Stück getrocknetes Vollkorn- oder auch Knäckebrot, Gemüse wie Möhren, Äpfel oder auch ein Stück Kohlrabi.

Das Futter muss sowohl auf die Altersphase des Hundes als auch seinen Aktivitätsgrad abgestimmt sein. Ein Welpe braucht ein anderes Nährstoffverhältnis in der Nahrung als ein ausgewachsener Hund, und ein Podenco, der regelmäßig an Agility-Turnieren teilnimmt und täglich dafür übt, ein anderes als ein Senior, der lieber auf dem Sofa liegt. Kastrierte Hunde haben einen anderen Stoffwechsel als ihre „kompletten“ Artgenossen und brauchen deswegen ein Futter mit niedrigerem Energiegehalt oder einfach kleinere Portionen.

Vitamin-, Mineral- oder andere zusätzliche Pulver sind bei einer ausgewogenen Fertignahrung in der Regel überflüssig. Sie sind nur bei Mangelerscheinungen sinnvoll und dazu bedarf es einer Diagnose durch den Tierarzt. Bei chronischen Erkrankungen (zum Beispiel an Niere, Leber oder Herz) sind bei ihm spezielle Diätfuttermittel erhältlich.

Podencos sind ein sehr schlanker Hundetyp, genau wie die Windhunde. Für Menschen, die mit diesen Rassen nicht vertraut sind, scheinen sie meist viel zu dünn oder sogar unterernährt zu sein. Leider meinen es viele Podenco-Halter deswegen zu gut mit ihren Hunden und versuchen, etwas auf die Rippen zu bekommen.

Sie dürfen aber nicht vergessen, dass Hunde, die in der Spitze etwa 50 Stundenkilometer schnell laufen können, eben diese schlanke Anatomie brauchen. Ihr Knochenbau und die Organe sind für eine starke Gewichtsbelastung nicht konstruiert. Es ist durchaus normal, dass man mehrere Rippen und Wirbel sehen kann. Einem übergewichtigen Podenco geht nicht nur der typische, elegante und federleichte Gang verloren, es werden auch verschiedene Gelenkerkrankungen und andere Krankheiten begünstigt. Dann sollten Sie nach Absprache mit dem Tierarzt auf ein fett- und energiereduziertes Light-Futter umsteigen und auf genügend Bewegung achten.

Bei einem richtig ernährten Podenco können Sie etwa die hinteren drei Rippen auf jeder Seite deutlich sehen. Wenn alle Rippen deutlich erkennbar sind, ist der Hund zu dünn, verstecken sich alle, ist er übergewichtig. Dies hängt allerdings auch immer vom individuellen Hund ab. Deswegen sollten Sie Ihren Podenco wiegen, wenn er optimal in Form ist, und dies einmal monatlich wiederholen, so haben Sie immer Vergleichswerte.

Viele Podenco Ibicencos sind mäkelige Fresser. Trotz aller Liebe, die ja bekanntlich durch den Magen geht, sollten Sie versuchen, ein überschaubares Maß an Leckereien nicht zu überschreiten. Mit diesen Extras rettet sich so mancher Mäkler über den Tag und verschmäht deswegen die Hauptmahlzeiten.

In der Regel erhalten ausgewachsene Podencos zweimal täglich Futter. Wenn Sie den Eindruck haben, dass Ihr Hund nur eine Mahlzeit mit wirklichem Hunger verspeist, können Sie natürlich zu einmaliger Fütterung übergehen. Nach etwa zehn Minuten nehmen Sie den Napf weg und entsorgen, was übrig war. Auf diese Weise ziehen Sie sich keinen langweiligen Fresser heran und können sehr genau die richtige Futtermenge ermitteln. Geben Sie bei der nächsten Fütterung etwas weniger, wenn der Hund nicht alles verputzt hat. Allerdings gibt es auch Hunde, die es besser vertragen, wenn Sie ihre Ration über den Tag verteilt zu sich nehmen. Wenn Ihr Vierbeiner zu diesen gehört und kein Artgenosse da ist, der sich am fremden Napf bedienen kann, können Sie morgens die abgemessene Ration in den Napf geben und stehen lassen. Mit Feuchtfutter ist das besonders im Sommer schwierig, da es schnell verdirbt, besser ist dann Trockenfutter.

Schlechte Trockenfutterfresser können Sie überlisten, wenn Sie die Brocken etwa zehn Minuten in warmem Wasser aufquellen lassen. Zusätzlich können Sie zwei bis drei Esslöffel Magerquark oder körnigen Frischkäse untermischen. Auch durch etwas Gemüsebrühe oder geriebenen Käse, einen Rest gekochte Nudeln (ohne Soße!), gekochten Reis oder gekochte Kartoffeln wird normales Futter viel attraktiver. Reduzieren Sie diese Extras immer weiter, bis Sie diese schließlich ganz weglassen können.

Schwachpunkte / Prädispositionen

Der Podenco Ibicenco kennt aufgrund der besonders harten Selektion auf die gesunden, leistungsfähigen Tiere keine wirklichen Schwachpunkte. Wie alle anderen Hunde kann er aber unter bestimmten allgemeinen Erkrankungen wie Hauttumoren und Herzmuskelerkrankungen leiden. Im fortgeschrittenen Alter können beispielsweise auch Arthrose oder Herz- und Kreislauferkrankungen auftreten.

Gerade bei Podenco-Senioren ist darauf zu achten, dass die Hunde bei Eis, Schnee oder starkem Regen nicht auskühlen. Dann empfiehlt sich eine Schutzdecke mit Teddy- oder Fleece-Futter. Auch für größere Hunde gibt es heute farblich neutrale, nicht extrem gemusterte oder bunte Ausführungen.

Im Vergleich zu manchen anderen Hunderassen sind Podencos recht unempfindlich gegen Hitze. Trotzdem sind sie nicht hitzeresistent und sportliche Aktivitäten im Hochsommer können wie bei anderen Vierbeinern im Extremfall zu einem Hitzschlag führen. Also: Sport nur, wenn die Temperaturen es erlauben – oder haben Sie noch nie von der mittäglichen spanischen Siesta gehört?

In Südeuropa werden durch Sandmücken und Zecken Krankheiten verbreitet, die bei uns kaum vorkommen. (Foto: V. Heitz)

Südländische Krankheiten

Es gibt eine Reihe von Krankheiten, die im mitteleuropäischen Raum relativ unbekannt sind und hauptsächlich in der Mittelmeerregion vorkommen – Podencos können Träger dieser Infektionen sein. Objektive und sachliche Informationen über diese Krankheiten sind wichtig, dennoch soll keinesfalls Panik verbreitet werden. Wer sich wirklich für einen Hund aus Südeuropa interessiert, für den ist es unabdingbar, die wichtigsten Symptome zu kennen, um im Zweifel angemessen handeln zu können.

Lassen Sie sich grundsätzlich bei einem Podenco, der über eine Tierschutzorganisation nach Deutschland gekommen ist, die Ergebnisse der Blutuntersuchung auf solche Krankheiten geben und besprechen Sie diese mit Ihrem Tierarzt. Es empfiehlt sich eine Wiederholung der Blutuntersuchung nach etwa einem Jahr.

Wegen der zum Teil sehr langen Inkubationszeiten wird sich auch künftig trotz größter Sorgfalt durch die verschiedenen Tierschutzorganisationen nicht verhindern lassen, dass bei einem vorher negativ getesteten importierten Podenco auch später noch die ein oder andere Infektion festgestellt wird.

Bei einer akuten oder chronischen Erkrankung bedarf es einer regelmäßigen tierärztlichen Betreuung, Medikamente müssen gegeben und regelmäßig die Blutwerte überprüft werden. Nicht immer bestehen gute Prognosen; einige dieser Erkrankungen enden leider tödlich. Wird eine der südländischen Krankheiten festgestellt, kann dies relativ hohe Kosten und großen zeitlichen Aufwand zur Folge haben.

Auch wenn Sie einen völlig gesunden Hund haben, bei dem alle Untersuchungen negative Ergebnisse zeigten – vergessen Sie nie die teilweise extrem langen Inkubationszeiten und prägen Sie sich die Symptome gut ein.

Ehrlichiose (Ehrlichia canis)

Auslöser dieser Erkrankung sind bakterielle Erreger (Rickettsien). Die Übertragung der Bakterien erfolgt durch Zecken. Infizierte Hunde weisen Fieberschübe (40 bis 42 Grad Körpertemperatur), Appetit- und Gewichtsverlust, vergrößerte Lymphknoten, blasse Schleimhäute (Anämie), Augen- und Nasenausfluss auf.

Möglichst frühzeitig sollte eine Therapie mit Antibiotika einsetzten. Die Inkubationszeit beträgt zwischen einer und drei Wochen. In südlichen Gebieten ist eine vorbeugende Behandlung gegen Zeckenbefall notwendig.

Leishmaniose (Leishmania infantum)

Die Infektion mit diesem Einzeller ist die häufigste und schwerste parasitäre Erkrankung von Hunden in Südeuropa. Übertragen wird er durch die Sandmücke. Symptome sind Fieber und geschwollene Lymphknoten. Dazu kommen bei der Hautform (cutane Form) Haarverlust (an den Ohrspitzen, auf dem Nasenrücken, um die Augen), Abmagerung, Pyodermien (schuppende oder nässende Krusten- oder Knötchenbildung mit Wundheilungsstörungen, nicht juckend), die (Zehen-)Ballen platzen auf. Bei der inneren Form (viszerale Form) leiden die Tiere unter Durchfall, Blutarmut, Herzveränderung und Nieren-, Leber-, Milzproblemen. Wenn die Organe betroffen sind, ist der Krankheitsverlauf sehr schwer, leider häufig tödlich.

Eine Behandlung erfolgt mit Medikamentenkombinationen in den akuten Schüben der Erkrankung. Die Inkubationszeit ist bei der Leishmaniose sehr variabel. In der Regel sind es drei bis 18 Monate, sie kann sich aber auch über mehrere Jahre erstrecken.

Vorbeugende Maßnahme in den betroffenen Regionen ist vorrangig der Schutz vor der Sandmücke. Die Insekten sind besonders in der Dämmerung aktiv. Zu diesen Zeiten sollten Hunde im Haus bleiben. Bei Ihrem Tierarzt bekommen Sie Spot-on-Präparate und seit kurzem auch ein Protector-Halsband (Wirkstoff Deltamethrin) zum Schutz vor der Sandmücke.

Um recht schnell, ohne mehrere Tage auf das Ergebnis des Labors abwarten zu müssen, eine Tendenz festzustellen, werden mit ein paar Tropfen Blut so genannte Schnelltests gemacht. Die Ergebnisse sind nicht aussagekräftig und daher wirklich nur als ersten Hinweis zu betrachten, eine ausführliche Blutuntersuchung ist auf alle Fälle nachzuholen. Auch wenn ein Titer (= Nachweiß der Antikörper im Blut) nachgewiesen wird, muss es nicht zwingend zu einem Ausbruch der Krankheit kommen. Es ist durchaus möglich, dass ein Podenco mit einem relativ niedrigen Titer jahrelang, im besten Fall lebenslang völlig beschwerdefrei ist. Leider kann sich das aber auch ganz anders entwickeln! Ein Krankheitsausbruch wird durch einen schlechten Allgemeinzustand und Stress begünstigt.

Spanische Tierärzte sprechen seit langem von einer Immunität des Podenco gegen Leishmaniose. Auch in einigen Veröffentlichungen in Deutschland ist zu lesen, dass trotz Nachweis der Antikörper im Blut beim Podenco Ibicenco ein Krankheitsausbruch äußerst selten ist. Dies wird mit einer über Generationen erworbenen Immunität erklärt. Nur die gesunden und immunstarken Rudelmitglieder konnten überleben und haben sich fortgepflanzt. Diesbezüglich wird sogar von einer genetischen Immunität gesprochen. Die meisten Hunde erkranken offenbar im Alter zwischen drei und fünf Jahren. Je länger ein Hund ohne Ausbruch der Leishmaniose in Südeuropa gelebt hat, desto unwahrscheinlicher wird die Erkrankung. Vermutlich kann diese Aussage auf viele in den betroffenen Gebieten ursprünglich lebenden Hunde(-rassen) zutreffen.

Babesiose/Piroplasmose (Babesia canis)

Die Übertragung dieses Einzellers erfolgt durch einen Zeckenbiss. Die Symptome äußern sich als Fieberschübe, Appetitlosigkeit, Blutarmut. Die Hunde zeigen außerdem die Anzeichen einer Leberentzündung mit Gelbsucht. Häufig ist das Absetzen von blutigem Urin der Grund, warum die Besitzer den Tierarzt aufsuchen. Die Krankheit kann akut oder chronisch verlaufen.

Eine medikamentöse Therapie ist in der Regel erfolgreich. Die einzige Möglichkeit der Vorbeugung in den betroffenen Gebieten ist der Schutz vor Zeckenbissen mit Spot-on-Präparaten. Die Inkubationszeit der Babesiose beträgt etwa zwischen zehn und 21 Tagen.

Dirofilariose (Dirofilaria immitis)

Auch dieser Parasit (Herzwurm) wird durch einen Mückenstich übertragen. Als Überträger der Larven (Mikrofilarien) können eine Vielzahl von Mückenarten infrage kommen. Hauptsächlich im Bereich der rechten Herzkammer und in den Arterien zur Lunge setzen sich die Parasiten fest und werden bis zu 30 Zentimeter lang. Nach einer Inkubationszeit zwischen einem und mehreren Monaten werden die Hunde leistungsschwach, bekommen Fieber, Husten, später Atemnot, Anämie und Gelbsucht.

Die Erkrankung kann akut oder chronisch verlaufen. Die Behandlung mit Medikamenten ist in der Regel erfolgreich. Zu den vorbeugenden Maßnahmen zählen der Schutz vor Stechmücken und die regelmäßige Entwurmung mit entsprechenden Wirkstoffen.

Informationen zu diesen Erkrankungen finden Sie auch im Internet unter www.leishmaniose.de und www.parasitus.com.

Vorbeugung

Wenn Sie Ihren Podenco mit in den Urlaub in betroffene Regionen nehmen möchten, müssen Sie sich frühzeitig mit Ihrem Tierarzt besprechen. Schützen Sie Ihren Hund vor Stechmücken und Zecken! Herkömmliche Zeckenhalsbänder aus dem Fachhandel reichen dafür nicht aus, Sie müssen hochwertige Protector-Bänder, Spot-on-Produkte oder andere Präparate vom Tierarzt verwenden. Berücksichtigen Sie unbedingt, Hunde in der Morgen- und Abenddämmerung nicht nach draußen zu lassen. Besonders riskant ist der Aufenthalt unter Bäumen und an Büschen.

Rasse-
beschreibungen

Cirneco dell'Etna

Ursprungsland: Italien (Sizilien)
FCI-Nummer: 199

Wie sein Name schon erahnen lässt, ist seine Heimat das Gebiet rund um den Vulkan Ätna auf Sizilien. Sein traditionelles Jagdgebiet sind die Abhänge des Vulkans, übersäht mit Lavageröll. Seine Aufgabe ist die Jagd auf Wildkaninchen. Der Cirneco dell'Etna ist quasi die kleinere Ausgabe des Kelb tal Fenek. Die Proportionen des Körpers und die Kopfform beider Rassen sind identisch. Man spricht von einem quadratischen Format, das heißt, die Rumpflänge soll der Widerristhöhe entsprechen.

Die Rüden sind 46 bis 50 Zentimeter groß und etwa 10 bis 12 Kilogramm schwer. Hündinnen haben eine Widerristhöhe von 42 bis 46 Zentimeter und wiegen zwischen 8 und 10 Kilogramm. Das Fell ist kurz, an Rumpf und Rute etwas länger (ca. 3 Zentimeter), sehr glatt und fest. Die Fellfarbe ist einfarbig falbfarben (intensiv bis verwaschen isabell-sandfarben). Bei einfarbig falbfarbenen Hunden sind weiße Abzeichen am Kopf, an der Brust, den Pfoten, der Rutenspitze und am Bauch zulässig. Es gibt auch ganz weiße Exemplare oder weiß mit falbfarbenen Flecken.

(Foto: InfoHund Krämer)

Pharaoh Hound (Kelb tal Fenek)

Ursprungsland: Malta
FCI-Nummer: 248

Der Kelb tal Febek ist auf Malta zu Hause. Dort verwendet man ihn zur Jagd auf Kaninchen. Es sind sehr wendige und trittsichere Hunde, geschickt auch in schwierigem Gelände. In ihrem Wesen sind es intelligente, verspielte und freundliche Gesellen. Hier in Deutschland wird der Pharaoh Hound immer öfter beim Agility und im Turnierhundesport, aber auch bei Windhundrennen und Coursings eingesetzt. Bei entsprechender Auslastung ist er im Haus sehr ruhig und ausgeglichen.

Seit 1977 ist er offiziell als Pharaoh Hound anerkannt. Bis dahin wurden alle mediterranen Windhunde als Pharaonenhund bezeichnet. Die Rüden sind 56 bis 63,5 Zentimeter groß; Hündinnen zwischen 53 und 61 Zentimeter. Das Fell ist kurz und glänzend (ohne Befederung), rostbraun bis dunkelrostbraun (einzelne weiße Abzeichen sind erlaubt). Die Nase ist fleischfarben, die sind Augen bernsteinfarben. Eine schwarze Pigmentierung ist nicht zulässig.

(Foto: InfoHund Krämer)

(Foto: J. Scotland)

Podenco Canario

Ursprungsland: Spanien (Kanarische Inseln)
FCI-Nummer: 329

Der Podenco Canario ist dem Kelb tal Fenek sehr ähnlich. Er wird als mittelgroß bezeichnet, er ist etwas kleiner und zierlicher als der Pharaonenhund. Der Podenco Canario ist ebenfalls ein ausdauernder und belastbarer Jagdhund. Schwerpunktmäßig wird auch er zur Kaninchenjagd eingesetzt. Selbst nach stundenlanger Arbeit zeigt er keine Müdigkeit. Er gilt als mutig und feurig im Wesen, ist äußerst zäh. Es handelt sich um einen sehr trittsicheren Hund, er passt sich auch an schwierige Bodenverhältnisse sehr gut an. Ausdrücklich erwünscht sind Katzenpfoten und ein hochgestelltes Sprunggelenk.

Das Fell ist glatt, kurz und dicht, die Fellfarbe rot (von Orange bis Mahagoni) mit weiß. Die Widerristhöhe der Rüden beträgt 55 bis 64 Zentimeter, der Hündinnen 53 bis 60 Zentimeter. Die Augen des Podenco Canario sind bernsteinfarben.

Podengo Português

Ursprungsland: Portugal
FCI-Nummer: 94

Den Podengo Português unterscheidet man in drei Größen: pequeno (klein), medio (mittel) und grande (groß). Außerdem gibt es jeweils zwei Haarvarianten: kurz (glatt) oder lang (rau). In ihrem Wesen sind es robuste und genügsame Hunde, lebhaft und intelligent. In ihrer Heimat schätzt man sie nicht nur als gute Jagdhunde, sondern auch als Wachhunde.

Die großen Podengos werden zur Jagd auf Hochwild eingesetzt. Er gilt in seiner Heimat als nahezu ausgestorben. Die Widerristhöhe beträgt 55 bis 70 Zentimeter. Der mittlere Podengo wird hauptsächlich zur Treibjagd auf Kaninchen verwendet. Diese Varietät wird 40 bis 55 Zentimeter groß, bei einem Gewicht von 16 bis 20 Kilogramm. Die kleine Ausgabe des Podengos ist zwischen 20 und 30 Zentimeter groß und wiegt 4 bis 5 Kilogramm. Seine jagdliche Verwendung ist das Aufspüren und Heraustreiben von Kaninchen aus dem Bau, aus Löchern oder Felsspalten.

Die Farbzeichnung aller drei Größen ist gelb, falbfarben (hell bis dunkel) und schwarz (verdünnt oder verwaschen) sowie einfarbig mit oder ohne weiße Abzeichen. Außerdem weiß mit gelben, falbfarbenen oder schwarzen Abzeichen.

(Foto: InfoHund Krämer)

(Foto: Cogis)

Podenco Andaluz

Ursprungsland: Spanien (Andalusien)

Zu den nicht durch die FCI anerkannten Rassen zählt der Podenco Andaluz. Eine genaue Beschreibung, ähnlich der Dokumentation in den Rassestandards, ist nur schwer möglich. Der Podenco Andaluz ist äußerlich den mediterranen Rassen eindeutig zuzuordnen.

Es existieren verschiedene Brauntöne (auch zimtfarben) und wie beim Ibicenco auch weiß, äußerst selten allerdings reinweiß, meist mit braunen Abzeichen. Seine ursprüngliche Heimat ist die Region Andalusien. Es gibt drei Größen: grande (groß), mediana (mittel) und chica (klein). Für grande wird eine Widerristhöhe der Rüden von 54 bis 65 Zentimeter, der Hündinnen von 53 bis 61 Zentimeter angegeben. Mediana ist bei Rüden mit 43 bis 53 Zentimeter, bei den Hündinnen mit 42 bis 52 Zentimeter beschrieben. Für chica werden 35 bis 42 Zentimeter für die Rüden und 32 bis 41 Zentimeter für die Hündinnen genannt. Das Gewicht wird mit 27 Kilogramm (+/– 6 Kilogramm) für grande und 16 Kilogramm (+/– 4 Kilogramm) für mediana vom spanischen Zuchtverband vorgegeben. Ähnlich dem Podengo Portugês unterscheidet man auch verschiedene Fellvarianten: glatt (kurz), lang (seidig) und rau.

Die spanische Landbevölkerung kennt die Podencos (welcher Region auch immer) häufig nur als Conejero (Kaninchenjäger), Perro de caza (Jagdhund), Ca de caza (Jagdhund im Dialekt) oder Cà eivissenc (Podenco Ibicenco im Dialekt von Mallorca und Katalanien) oder anderen regionalen Bezeichnungen.

Podenco Ibicenco

FCI-Nummer: 89/4. 2. 2000/D
(Auszug; Übersetzung:
Dr. J.-M. Paschoud und Frau R. Binder-Gresly)
Ursprung: Spanien (Balearen)
Datum der Publikation des
gültigen Originalstandards: 26. 5. 1982.

Verwendung: Der Podenco Ibicenco wird hauptsächlich zur Kaninchenjagd ohne Flinte bei Tag und bei Nacht verwendet. Dank seines überaus feinen Geruchsinnes, dessen er sich zusammen mit dem Gehör mehr bedient als der Sicht, spürt und jagt er die Kaninchen auch an sehr dicht bewachsenen Stellen mit Leichtigkeit auf. Flink und schlau, wie er ist, fängt er seine Beute rasch, besonders wenn er zusammen mit anderen Hunden jagt. Wenn ein Hund eine Beute anzeigt, umringen ihn alle anderen Hunde in einem gewissen Abstand und stehen auf der Lauer; sie bellen nur dann, wenn sie die Beute sehen oder hören und wenn sie diese umstellt haben. Beim Anzeigen und beim Einfangen der Beute wedeln alle Hunde heftig, lassen aber leicht von der Anzeigeposition ab. Der Podenco Ibicenco wird auch zur Jagd auf Hasen und Großwild eingesetzt. Er apportiert die Beute gut. Von gewissen Ausnahmen abgesehen, werden für die Zusammensetzung der Meute nur Hündinnen verwendet mit höchstens einem Rüden, da Letztere beim Jagen nicht zusammenarbeiten und streitsüchtig sind. Wenn eine Meute einige Tausend Kaninchen eingefangen hat, kann es eigentümlicherweise vorkommen, dass einige Hunde derselben Meute nicht mehr jagen wollen, bevor ihnen nicht eine längere Ruhepause gewährt wird. Auf dieses Phänomen bezieht sich der spanische Ausdruck „enconillarse“ (sich zur Ruhe legen).

Klassifikation FCI: Gruppe 5 Spitze und Hunde vom Urtyp. Sektion 7 Urtyphunde zur jagdlichen Verwendung. Ohne Arbeitsprüfung.

Wichtige Proportion: Der Abstand von der Spitze des Fangs bis zu den Augen entspricht demjenigen von den Augen bis zum Hinterhauptbein.

Kopf: Gesamthaft betrachtet hat der lange, schmale Kopf die Form eines nahe an seiner Basis abgeschnittenen Kegels; ausgesprochen trocken, eher klein im Verhältnis zum Körper.

Oberkopf: Schädel: lang und flach (dolichocephal), Hinterhauptsbeinhöcker vorstehend, Stirne schmal und flach.

Stop: wenig ausgeprägt.

Gesichtsschädel: Nasenschwamm: fleischfarben; Nasenlöcher offen; Nasenrücken leicht gewölbt.

Fang: Nasenrücken und Nase über den Unterkiefer hinausragend; schmal, lang und entsprechend der Farbe des Haarkleides fleischfarben.

Lefzen: dünn, eng anliegend, fleischfarben.

Kiefer/Zähne: perfekter Gebissschluss, Scherengebiss; weiß, regelmäßig angeordnet.

Augen: schräg, klein, von einer hellen Bernsteinfarbe, die an die Farbe einer Karamelle erinnert; die Bernsteinfarbe kann entsprechend der Farbe des Haarkleides mehr oder weniger intensiv sein. Ohne sehr edel zu wirken, verrät der Blick Intelligenz, aber auch Ängstlichkeit und Misstrauen.

Ohren: immer steif, sehr beweglich; nach vorne, seitlich horizontal oder nach hinten gerichtet, aufrecht getragen, wenn der Hund erregt ist; das Zentrum des Ohransatzes befindet sich auf der Höhe der Augen; die Form ist die eines verlängerten Rhomboids, welches in einem Drittel seiner langen Diagonale abgeschnitten ist. Sie sind fein, ohne Behaarung an der Innenseite der Ohrmuschel; von mittlerer, nicht übertriebener Größe.

Hals: sehr trocken, sowohl in seinem oberen wie in seinem unteren Teil. Seine Länge beträgt ein Viertel der Länge des Körpers; leicht gewölbt, muskulös. Die Haut ist straff, glatt und ohne Wamme. Normalerweise ist das Haar im Bereich des Ansatzes am Körper länger und dichter; dies ist besonders auffällig bei der glatthaarigen Varietät.

Körper: Gesamthaft betrachtet ist der Körper symmetrisch, leicht konvex und von mittleren ebenmäßigen Proportionen, kompakt und etwas länger als hoch, ohne dass diese Differenz exakt festgelegt wäre.
Widerrist: gut abgesetzt, hoch, trocken und lang.
Rücken: gerade, lang und biegsam.
Die Muskulatur ist stark, jedoch flach.
Lenden: gewölbt, von mittlerer Breite,
kräftig und fest.
Kruppe: stark abfallend, mit sichtbarem Knochenbau; sie verfügt über eine sehr kräftige und harte Muskulatur.
Brust: tief, schmal und lang; sie reicht aber nicht bis zu den Ellenbogen. Die Vorbrust ist spitz und stark vorstehend. Die Rippen sind flach.
Untere Profillinie und Bauch: aufgezogen, aber nicht zu stark.
Rute: tief angesetzt, gegen das Rutenende hin rundum einige etwas längere und gröbere, grannenartig abstehende Haare aufweisend; lang. Wenn man die Rute zwischen den Beinen durchzieht, soll sie bis zur Wirbelsäule reichen; etwas dicker am Ansatz, sich allmählich zur Spitze hin verjüngend. In der Ruhe ist sie natürlich hängend; in der Bewegung wird sie mehr oder weniger eng gebogen sichelförmig getragen; es wird bevorzugt, wenn sie nicht aufrecht oder übertrieben eingerollt über dem Rücken getragen wird.

Gliedmaßen

Vorderhand: senkrecht, symmetrisch; von vorne gesehen ist die Stellung der Vorderläufe sehr eng; insgesamt stämmig, mit langen Gliedmaßen, die den Eindruck eines schlanken, flinken, jedoch kräftigen Tieres vermitteln.
Schultern: Schulterblatt schräg, kräftig, frei beweglich.
Oberarm: sehr lang, gerade, stark und sehr eng gestellt.
Ellenbogen: breit und vom Körper gut abgesetzt, parallel zur Medianebene des Körpers, niemals lose.
Unterarm: gegen die Vorderfußwurzel zu breiter werdend.
Vordermittelfuß: kräftig, fest, breit und gut aufrecht.
Hinterhand: Allgemeines: senkrecht, mit langen, starken, flachen und trockenen Muskeln.
Sprunggelenk: gut gewinkelt, breit, tief angesetzt, gut senkrecht und weder nach außen noch nach innen gedreht.
Pfoten: nahezu Hasenpfoten; Zehen lang und eng aneinander liegend; Zehenzwischenräume gut behaart; Krallen sehr kräftig und normalerweise von weißer Farbe, manchmal der Farbe des Haarkleides entsprechend; Fußballen sehr hart.
Gangwerk: Die bevorzugte Gangart ist ein schwebender Trab; der Galopp ist sehr schnell und vermittelt den Eindruck einer großen Behändigkeit.
Haut: straff, eng am Körper anliegend; sie ist rötlich pigmentiert, kann aber dort, wo das Haarkleid anders gefärbt ist, verschiedenfarbig sein.
Haarkleid: Haar: Glatthaar, Rauhaar oder Langhaar.
Glatthaar: Soll nicht seidig, jedoch kräftig und glänzend sein.
Rauhaar: Soll hart und sehr dicht sein; etwas kürzer auf dem Kopf und an den Ohren, etwas länger an der Hinterseite der Keulen und an der

Unterseite der Rute; ein Bart ist sehr geschätzt; das Langhaar ist weicher und soll mindestens eine Länge von 5 Zentimeter aufweisen; der Kopf ist sehr dicht behaart.

Farbe: Bevorzugt wird weiß und rot, oder einfarbig weiß oder rot; falbfarbene Hunde sind zugelassen, sofern es sich um außerordentlich gute Exemplare handelt, wobei jedoch bei Glatthaar diese Farbe nicht zulässig ist.

Größe: Widerristhöhe: Rüden 66–72 Zentimeter, Hündinnen 60–67 Zentimeter.

Ohne übertriebene Strenge darf man Hunde, die dem Standardmaß nahe kommen, akzeptieren, sofern diese gut proportioniert sind und ästhetisch aussehen.

Fehler: Jede Abweichung von den vorgenannten Punkten muss als Fehler angesehen werden, dessen Bewertung in genauem Verhältnis zum Grad der Abweichung stehen sollte.

Schwere Fehler:

- Kopf kurz und breit.
- Stop stark ausgeprägt.
- Fehlen eines Prämolaren (PM).
- Hängeohren.
- Rippenkorb tonnenförmig.
- Ellenbogen nach außen gedreht.
- kuhhessige Sprunggelenke.
- nach außen gedrehte Pfoten.
- Kreuzen der Pfoten und der Sprunggelenke in der Bewegung.

Ausschließende Fehler:

- Schädel in Form einer Treppe (Ebene des Schädels im Vergleich zum Nasenrücken zu hoch).
- Nasenschwamm: braune Pigmentierung oder schwarze Flecken.
- jeder andere Gebissschluss als ein Scherengebiss.
- Augenlider und Lefzen: rot-braun.
- Anzeichen einer Kreuzung mit einem Galgo oder einem anderen Windhund, das heißt:
    - gefaltete Ohren.
    - dunkle Augen.
    - Kruppe breit.
    - Vorbrust wenig ausgeprägt.
    - Vorderläufe weit auseinander.
    - Oberschenkel rundlich und breit,mit sicht bar vorstehenden Venen.

N. B.: Rüden müssen zwei offensichtlich normal entwickelte Hoden aufweisen, die sich vollständig im Hodensack befinden.

Mischlinge

Verräterisch bei vielen Podenco-Mischlingen sind oft die großen Stehohren. Eine lange, schmale Schnauze kann in ähnlicher Optik allerdings auch von anderen Windhunden oder Collies vererbt werden. Sehr selten kann man mit Sicherheit bestimmen, wer nun wirklich mitgemischt hat. Häufig kommt aber doch der Podenco-Typ deutlich durch.

Wie auch immer – jeder Hund hat seinen ganz eigenen Charme und besondere Eigenschaften, die ihn einfach außergewöhnlich machen.

Anhang

Adressen

Verbände

Verband für das Deutsche Hundewesen e.V. (VDH)
Westfalendamm 174
44041 Dortmund
Tel.: 0231 565000
www.vdh.de

Deutscher Windhund Zucht- und Rennverband e.V. (DWZRV)
Grüne Straße 7
31185 Söhlde
Tel.: 05129 8919 • Fax: 05129 8810
www.dwzrv.com

Tierregister

TASSO Haustier-Zentralregister für die BRD e.V.
Frankfurter Straße 20, 65795 Hattersheim
Tel.: 06190 932214
Internet: www.tiernotruf.org

Deutscher Tierschutzbund e.V.
Deutsches Haustierregister
Baumschulallee 15, 53115 Bonn
Tel.: 01805 231414
Internet: www.tierschutzbund.de

Internationale Zentrale Tierregistrierung (IFTA)
Weiherstraße 8, 88145 Maria Thann
Tel.: 00800 843773 oder 447837
www.tierregistrierung.de

Tierschutzorganisationen

Windhunde in Not e.V.
Vermittlung über Astrid Bartholomes,
Tel.: 0212 2217392
www.windhunde-in-not.org

Initiative WindhundHilfe e.V.
Helge Wenger-Schittenheim
Tel.: 07156 24821
www.windhundhilfe.de

Es gibt viele Tierschutzorganisationen, die sich auf die Vermittlung von Podenco Ibicencos spezialisiert haben. Wenn Sie in den gängigen Suchmaschinen im Internet „Podenco“ als Suchbegriff eingeben, können Sie sich einen Überblick über diese Organisationen verschaffen.

Tiervermittlung (bundesweit)

Internet:
www.zergportal.de
www.tieresucheneinzuhause.de
www.herrchengesucht.de

Informationen zu Flugpatenschaften

Internet:
www.flugpaten.de
www.flugpate.com
www.flugpaten.com

Literatur

Biereth, Werner
Fährtenarbeit
Cadmos Verlag, 2003

Bloch, Günther
Der Wolf im Hundepelz
Kosmos Verlag, 2004

Bloch, Günther
Der Familienbegleithund im
modernen Hausstand
Westkreuz Verlag, 2001

Blüthner, Nicola
Der Podenco Ibicenco
Faxi Verlag, 1996

Braun, Lilian
Der Podenco Ibicenco –
Ein „etwas anderer" Jagdhund –
Geschichten und Erinnerungen.
Erhältlich unter der Internetadresse:
www.der-podenco-ibicenco.de

Burow, Inka/Nardelli, Denise
Dog Dance
Cadmos Verlag, 2002

Coppinger, Ray und Lorna
Hunde – Neue Erkenntnisse über Herkunft,
Verhalten und Evolution der Kaniden
Animal Learn Verlag

Del Amo, Celina
Spielstunde für Hunde
Ulmer Verlag, 2002

Feddersen-Petersen, Dorit/Ohl, Frauke
Ausdrucksverhalten beim Hund
Gustav Fischer Verlag, 1995

Feddersen-Petersen, Dorit/Ohl, Frauke
Hundepsychologie
Kosmos Verlag, 2004

Meyer, Helmut/Zentek, Jürgen
Ernährung des Hundes
Parey Verlag, 2001

Niepel, Gabriele
Welpenspielstunde
Müller Rüschlikon Verlag, 2003

Puskas, Lisa
Ibizan Hound
T.F.H. Publications

Räber, Hans
Enzyklopädie der Rassehunde Teil 1
Kosmos Verlag, 2001

Sainz, Rafael
Geschichten von Mel – Der Podenco Ibicenco
Victor Books, 1998

Schmidt-Röger, Heike
Der Zweithund
Augustus Verlag, 2000

Schmidt-Röger, Heike
Mein Hund – gepflegt & schön
Gräve und Unzer Verlag, 2004

Spiegel, Manfred
Agility– Fun with Games
Cadmos Verlag, 2002

Wagner, Heike
Apportieren
Cadmos Verlag, 2002

Zimen, Erik
Der Hund
Goldmann Verlag, 1992

Wir sagen danke

Wir bedanken uns herzlich bei der Tierärztin Steffi Hallack aus Weilburg und der Hundeschule Gaby Zimmer in Hessisch Oldendorf für die fachliche Unterstützung.

Sabine Dassinger, Volker Heitz und Beatrix Zingler gilt unser Dank für die fotografische Mithilfe, außerdem ein herzliches Dankeschön an unsere zwei- und vierbeinigen Models.

Ein dickes Dankeschön möchten wir auch an unsere Lektorin Jutta Aurahs richten, die sich von unserem Konzept überzeugen ließ, viele gute Anregungen gab und mit deren Engagement dieses Buch verwirklicht werden konnte.

Ein persönlicher Dank von Susanne Blank richtet sich an Frau Béatrice Ederer-Weber sowie Annelies und Leen Jacobs für die wunderbaren Podenco-Mädchen Lena und Puriah! Außerdem möchte ich mich bei meiner Hundetrainerin Gaby Zimmer für die sympathische und kompetente Begleitung bei der Ausbildung meiner Hunde bedanken.

Auf keinen Fall vergessen möchten wir unsere Hunde: Lena, Joschi und Puriah sowie Nicky, Shalim und Paul.